Katakana
APRENDER JAPONÉS
GUÍA DE ESTUDIO Y CUADERNO DE ACTIVIDADES

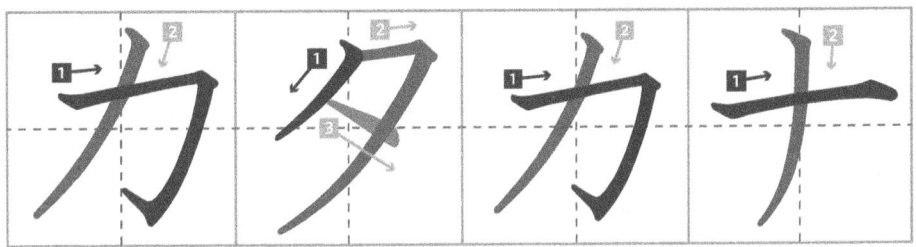

LIBRO DE EJERCICIOS | PARA PRINCIPIANTES

POLYSCHOLAR

www.polyscholar.com

© Copyright 2020 George Tanaka - Todos los Derechos Reservados.

Nota legal: Este libro está protegido por los derechos de autor. Este libro es solo para uso personal. El contenido incluido dentro de este libro no debe ser reproducido, duplicado, o transmitido sin el permiso directo escrito por el autor o la editorial. Usted no puede modificar, distribuir, vender, usar, mencionar o parafrasear cualquier parte del contenido de este libro sin el consentimiento del autor o de la editorial.

POLYSCHOLAR

www.polyscholar.com

© **Copyright 2020 George Tanaka - Todos los Derechos Reservados.**

Nota legal: Este libro está protegido por los derechos de autor. Este libro es solo para uso personal. El contenido incluido dentro de este libro no debe ser reproducido, duplicado, o transmitido sin el permiso directo escrito por el autor o la editorial. Usted no puede modificar, distribuir, vender, usar, mencionar o parafrasear cualquier parte del contenido de este libro sin el consentimiento del autor o de la editorial.

CONTENIDOS

PART 1 Introducción 4
Cómo Usar Este Libro 4
Información General 5
Tablas de Katakana y Reglas Básicas 7
Consejos para Escribir 11

PART 2 Aprende a Escribir Katakana 13

PART 3 Genkouyoushi 106

PART 4 Tarjetas de Memoria 122

Consejo: este libro funciona mejor con bolígrafos de gel, lápices e instrumentos similares. Ten cuidado con los subrayadores y la tinta, ya que los materiales densos o húmedos pueden atravesar el papel o transferirse a las siguientes páginas. Aquí tienes algunas casillas de prueba en las que puedes comprobar si tus bolígrafos son adecuados:

Introducción

APRENDER JAPONÉS

Aprender a leer, escribir y hablar japonés es mucho más sencillo de lo que puede parecer. El **Katakana** es el segundo sistema de escritura que aprenderemos, y tiene muchas reglas en común con el primero, el *Hiragana*. Este libro ha sido diseñado para hacer que sea más **fácil** y **rápido** entender esas reglas.

Empezaremos echándole un breve vistazo al sistema lingüístico japonés completo, por si aún no has terminado *nuestro Cuaderno de Actividades para Aprender Hiragana*. ¡Después de revisar brevemente los diferentes 'alfabetos' (¡sí, hay más de uno!) pasaremos directamente a aprender Katakana!

CÓMO USAR ESTE LIBRO

Como al aprender cualquier idioma, la repetición es una de las maneras más rápidas de adquirir conocimientos. Este cuaderno de actividades contiene páginas de instrucciones diseñadas detalladamente para enseñarte a escribir cada carácter, además de espacio para practicar tus nuevos conocimientos sobre la caligrafía japonesa:

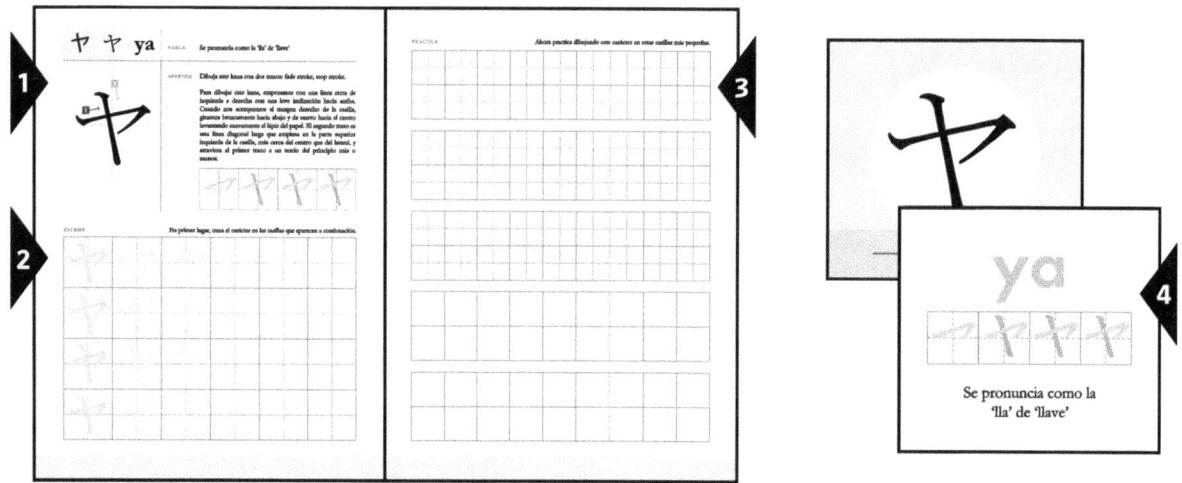

En la parte final de este libro encontrarás casillas adicionales que podrás usar después de aprender a escribir algunos de *(o incluso todos)* los Kana – estas páginas con cuadrículas se denominan tradicionalmente en japonés *Genkouyoushi*, que significa *'papel manuscrito'*.

La parte final de este libro contiene páginas con un conjunto de tarjetas que se pueden fotocopiar o cortar. Estas tarjetas son una buena forma de ayudarte a memorizar los símbolos y poner a prueba tus conocimientos. *¡Los estudiantes más jóvenes deben buscar a un adulto que les ayude a cortarlas!*

GUIONES JAPONESES

Información General

Cuando estudias japonés, te encuentras con cuatro tipos de escritura muy diferentes *(o alfabetos)*. Aunque esto puede sonar complicado al principio, debería empezar a tener mucho más sentido en algún momento – ¡especialmente cuando entiendas uno de ellos!

RŌMAJI ロマンジ

Significa literalmente 'letras romanas'. Este alfabeto usa las conocidas letras del alfabeto español para representar la lengua japonesa. Solo se usan para escribir las palabras de una forma que puedan entender las personas que no hablan japonés. No es muy común en el uso diario.

Los otros tres tipos de escritura, **Hiragana, Katakana, y Kanji** son las que más se usan y normalmente se combinan entre sí para crear palabras y frases en la escritura japonesa cotidiana. Cada alfabeto tiene su propia finalidad y juntos nos indican el significado de las palabras, su procedencia y cómo deben pronunciarse.

HIRAGANA ひらがな

あいうえおかきくけこ

Este es el primer alfabeto que deberíamos aprender. Consiste en caracteres sencillos trazados con formas redondas. A diferencia del alfabeto español, el Hiragana es un **sistema de escritura fonético**, y cada carácter representa el sonido de una sílaba. Cada vez que veas un carácter en concreto, sabrás cómo suena.

KATAKANA カタカナ

アイウエオカキクケコ

Este alfabeto también es fonético. El katakana **representa los mismos sonidos silábicos que el Hiragana**, pero se usa para los préstamos lingüísticos (palabras que se toman prestadas de otros idiomas), como los nombres extranjeros, las nuevas tecnologías, o nombres de comidas, por ejemplo. Su apariencia es más angulosa, no presenta formas redondas.

KANJI 漢字

Se traduce literalmente como *'letras chinas'*. Los **Kanji** son caracteres que han sido tomados prestados del chino. A diferencia de los otros alfabetos que representan sonidos, los símbolos del alfabeto Kanji muestran bloques de significado, como palabras completas, o una idea general sobre algo.

年本月生米前合事社京

Hay literalmente *miles* de Kanji, y se siguen creando algunos nuevos, así que son un completo desafío incluso para los lingüistas más expertos. Se crean de una manera más o menos lógica, así que *eventualmente* puedes entender o adivinar el significado de los símbolos que nunca habías visto antes.

SILABARIOS KANA

Hiragana y Katakana *(más conocidos como Kana)* tienen cada uno de ellos 46 caracteres básicos que, a diferencia de las letras del alfabeto español, representan un sonido diferente *(en vez de una letra)*. Prácticamente, todos estos sonidos se basan en solo 5 'sonidos vocálicos' a los que les añadimos un sonido de consonante delante para hacer sonidos nuevos. *¡Te prometo que será más fácil de lo que parece!*

Hiragana	あ	い	う	え	お
Katakana	ア	イ	ウ	エ	オ
Romaji	a	i	u	e	o
Pronunciación	'ah'	'ee'	'oo'	'eh'	'oh'

Los cinco sonidos vocálicos

Este libro te enseñará a escribir todos los caracteres básicos de los alfabetos Hiragana y Katakana, y también te mostrará cómo se crean los sonidos nuevos combinando los símbolos básicos. Cuando llegues al final del libro, podrás escribir los caracteres que componen la mayoría de los sonidos necesarios para el japonés.

Las siguientes páginas contienen mucha información, pero no dejes que esto te estrese. Además de las tablas con todos los símbolos de Kana básicos que vas a aprender, desglosaremos algunas reglas básicas para combinar estos símbolos – ¡después de esto llegará el momento de ponerse manos a la obra!

Tabla de Katakana

Esta tabla muestra los 46 caracteres básicos del Katakana con su correspondiente escritura en Romaji para representar el sonido fonético más parecido que se puede encontrar en este alfabeto. Los sonidos vocálicos aparecen en la parte superior y sus diferentes versiones con los sonidos de consonantes aparecen debajo de ellos. ***Apunta la siguiente excepción: 'n' y *wo son caracteres poco comunes.*

Sonidos Vocálicos

	a	i	u	e	o
	ア a	イ i	ウ u	エ e	オ o
k	カ ka	キ ki	ク ku	ケ ke	コ ko
s	サ sa	シ shi	ス su	セ se	ソ so
t	タ ta	チ chi	ツ tsu	テ te	ト to
n	ナ na	ニ ni	ヌ nu	ネ ne	ノ no
h	ハ ha	ヒ hi	フ fu	ヘ he	ホ ho
m	マ ma	ミ mi	ム mu	メ me	モ mo
y	ヤ ya		ユ yu		ヨ yo
r	ラ ra	リ ri	ル ru	レ re	ロ ro
w	ワ wa		ン **n		ヲ *wo

Consonantes

DIACRÍTICOS

Modificadores

Al igual que ocurre con el alfabeto *Hiragana*, hay **25 símbolos diacríticos** en Katakana. Se usan de la misma manera, para indicar cuándo es necesario pronunciar diferente las sílabas que suenan parecidas. Las marcas que indican este cambio en el sonido son idénticas, lo cual es aún más conveniente.

ホ ho   ▶   ボ bo   ポ po

Basic   *con Dakuten*   *con Handakuten*

Las reglas de los símbolos diacríticos en Katakana funcionan exactamente igual que en Hiragana. El *Dakuten* nos indican que la consonante que forma parte del sonido en el que aparecen debe ser pronunciada diferente:

- La **K** se pronuncia como una **G**
- La **S** cambia a **Z** *(excepto* し*)*
- La **T** se convierte en **D**
- La **H** se pronuncia como una **B** cuando aparece junto a *Dakuten*, y como una **P** cuando aparece junto a *Handakuten*

	a	i	u	e	o
k ▶ g	ガ ga	ギ gi	グ gu	ゲ ge	ゴ go
s ▶ z	ザ za	ジ ji	ズ zu	ゼ ze	ゾ zo
t ▶ d	ダ da	ヂ dzi (ji)	ヅ dzu	デ de	ド do
h ▶ b	バ ba	ビ bi	ブ bu	ベ be	ボ bo
h ▶ p	パ pa	ピ pi	プ pu	ペ pe	ポ po

DÍGRAFOS

Aquí se muestran los Dígrafos que también se usan para el alfabeto Katakana – una vez más, usamos dos caracteres básicos para indicar que dos sonidos silábicos se combinan para crear otro. *Fácil, ¿verdad?*

キ + ヤ = キャ
(ki) (ya) (kya)

Los caracteres que se usan tienen los mismos sonidos que sus dos correspondientes en Hiragana. La importancia de escribir el segundo símbolo más pequeño que el primero se mantiene.

La pronunciación de estos sonidos, también conocidos como sonidos compuestos del alfabeto Katakana, es muy sencilla – por ejemplo, き (ki) + や (ya) se convierte en きゃ (kya) y se pronuncia 'kiya' *sin el sonido 'i'*.

¡Esta tabla parece complicada, pero simplemente recuerda que los Dígrafos se hacen exclusivamente con caracteres de la columna de イ /i *(excepto esta misma)* y se modifican con caracteres de la fila de Y!

キャ	キュ	キョ		ギャ	ギュ	ギョ
kya	kyu	kyo		gya	gyu	gyo
シャ	シュ	ショ		ジャ	ジュ	ジョ
sha	shu	sho		ja	ju	jo
チャ	チュ	チョ		ニャ	ニュ	ニョ
cha	chu	cho		nya	nyu	nyo
ニャ	ヒュ	ヒョ		ビャ	ビュ	ビョ
hya	hyu	hyo		bya	byu	byo
ピャ	ピュ	ピョ		リャ	リュ	リョ
pya	pyu	pyo		rya	ryu	ryo
ミャ	ミュ	ミョ				
mya	myu	myo				

Modificadores

Modificadores

CONSONANTES DOBLES

Las palabras japonesas que usan el alfabeto Katakana también pueden contener sonidos de consonantes dobles. Estas palabras también presentan el pequeño ツ / tsu *(llamado sokuon)* para indicar que deberían pronunciarse diferente. Vamos a ver otro ejemplo para Katakana:

ペット *petto*
(pe - to)

Sin el pequeño ツ *(tsu)*, la palabra ペト *(peto)* no tiene ningún significado, pero ペット *(petto)*, con el *sokuon*, significa **mascota** - ¡como un hámster o un gato!

Ten en cuenta que el pequeño ツ se coloca **delante** del carácter del que toma el sonido de consonante adicional. Cuando veas palabras con este modificador, la consonante que forma parte del símbolo que le sigue *(en este ejemplo, la 't' de 'to')* se añade al final del sonido que le precede.

Ambas consonantes deben ser escuchadas por separado cuando se pronuncien, como si se dijera **'pet-to'** pero sin dejar un espacio audible.

SONIDOS DE VOCALES LARGAS

Aún es necesario tener cuidado con los sonidos de vocales largas *(por ejemplo: aa, ii, oo, ee, y uu)*. Cuando se pronuncien estas vocales, la duración del sonido debe alargarse (normalmente se dobla la duración en este caso también), pero cuando se escriba en Katakana, usaremos una línea ー *(llamada 伸ばし棒, que literalmente significa 'barra de alargamiento')*.

Esta es una de las maneras en las que el Katakana difiere del Hiragana, además de en los caracteres, ya que usa un símbolo de vocal adicional para indicar el sonido de una vocal larga. Veamos algunos ejemplos:

フ + リ = フリー　　　ケ + キ = ケーキ
(fu) (ri)—　fu-rii *(Gratis)*　(ke)— (ki)　kee-ki *(Pastel)*

Cabe observar que la 'barra de alargamiento' se convierte en una línea vertical cuando el texto se escribe verticalmente.

Consejos para escribir

DIRECCIÓN DE ESCRITURA

Los textos japoneses a veces se disponen en columnas verticales que se escriben y se leen de arriba hacia abajo, columna a columna, empezando por el lado derecho de la hoja. Desde que terminó la Segunda Guerra Mundial, se usa la orientación horizontal que nos resulta más familiar – aquella que se lee de izquierda a derecha, justo como en la lengua española. Esto se aplica a todos los alfabetos del japonés.

El texto de los siguientes ejemplos es idéntico, solo cambia la dirección de lectura y escritura:

Tategaki
縦書き
(*'escritura vertical'*)

私は犬を飼っています。
彼女は行儀が良い。
彼らは寝るのが好きです。
多くの場合、一日中。
多分彼女は怠け者です。

Yokogaki
横書き
(*'escritura horizontal'*)

私は犬を飼っています。
彼女は行儀が良い。
彼らは寝るのが好きです。
多くの場合、一日中。
多分彼女は怠け者です。

Se aceptan ambos estilos y a veces se elige uno u otro dependiendo del diseño y formato del documento. En general, el diseño vertical se usa en textos tradicionales, mientras que el diseño horizontal se encuentra en escritos más modernos o en documentos oficiales. Hay que recordar que los libros con el estilo de escritura *tategaki* (vertical) se producen en la dirección contraria a los libros que podemos encontrar en español, ¡por lo tanto, el principio del libro se sitúa en la cubierta trasera!

PRONUNCIACIÓN

Cuando aprendes los alfabetos Kana, empiezas a aprender también a pronunciar correctamente el japonés, ya que dichos sistemas de escritura cubren la mayoría de los sonidos necesarios en todo el idioma. Es importante practicar en las primeras etapas del aprendizaje si quieres desarrollar un acento que suene natural y nativo.

Nota: Este libro de actividades incluye una introducción muy básica a la pronunciación japonesa, debido a que este aspecto se enseña con más efectividad con la ayuda de un audio. Para describir los sonidos, en cada una de las páginas de práctica se usa una palabra o sílaba que suena parecida en español – una buena práctica es repetirlas en alto a medida que avanzas con el libro.

Consejos para scribir

TRAZOS Y LÍNEAS

Los alfabetos japoneses originalmente se escribían con una brocha y tinta. En la actualidad se usan bolígrafos modernos, pero es importante que aprendamos a escribir con los movimientos y **trazos tradicionales**. Vamos a usar el carácter del alfabeto Hiragana け *(o 'ke')* como ejemplo, ya que contiene los tres tipos de trazos que vas a usar – para que resulte más sencillo describir cómo se escriben los caracteres en el próximo tema, le hemos puesto nombres que reflejan cómo se trazan y cuál es su apariencia:

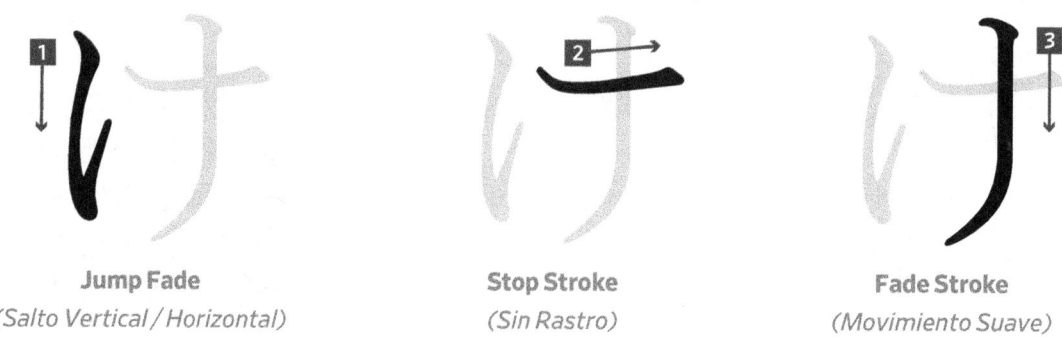

Jump Fade
(Salto Vertical / Horizontal)

Stop Stroke
(Sin Rastro)

Fade Stroke
(Movimiento Suave)

El trazo **'jump fade'** se realiza con un movimiento rápido del bolígrafo al final del trazo. Se suele hacer un giro hacia arriba y hacia la derecha o izquierda en los trazos verticales *(salto vertical)* y hacia arriba o abajo en los trazos horizontales *(salto horizontal)*. El trazo **'stop stroke'** (que significa literalmente 'detener el trazo') hace exactamente lo que dice su nombre, lleva la línea a un final definitivo antes de levantar el bolígrafo sin dejar ningún tipo de rastro, como en el caso anterior, ni desvanecer la línea, como en el caso del trazo que vamos a ver ahora. Un trazo **'fade stroke'** *(cuyo significado literal es 'trazo desvanecido')* se hace levantando suavemente el lápiz del papel mientras se mueve la mano. Se puede observar cómo la línea se vuelve más fina y se desvanece al final como si se estuviera levantando del papel poco a poco la punta gruesa de la brocha con tinta.

ESTILOS DE ESCRITURA

Este libro te enseñará a escribir Hiragana con los movimientos tradicionales basados en el aspecto resultante de escribir los caracteres con brocha y tinta, pero te encontrarás con otros estilos de caracteres, como puedes observar a continuación:

Todos estos caracteres tienen el mismo significado, pero se ven un poco diferente simplemente porque están hechos a mano, con bolígrafos o lápices, o con una fuente digital moderna en una pantalla *(o impresa)*. Aunque su apariencia cambie un poco, el significado sigue siendo el mismo.

Parte 2
APRENDE A ESCRIBIR KATAKANA

ア ア **a**

HABLA — Se pronuncia como la 'a' de 'abuelo'.

APRENDE — Este kana se dibuja con dos trazos: ambos son fade strokes.

El primer trazo empieza como una línea horizontal en la parte izquierda de la casilla antes de hacer un giro brusco en la dirección contraria y hacia la zona central inferior. Empieza el segundo trazo al final del primero, haciendo una curva con tu lápiz hacia abajo y hacia la izquierda. El segundo trazo se desvanece a medida que se acerca a la parte inferior izquierda de la casilla.

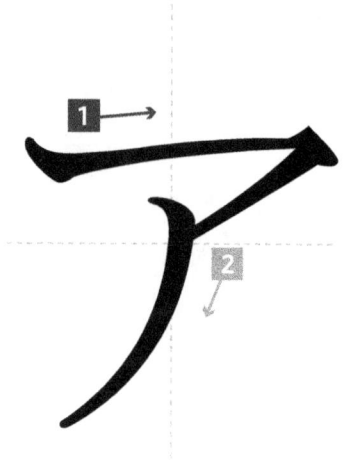

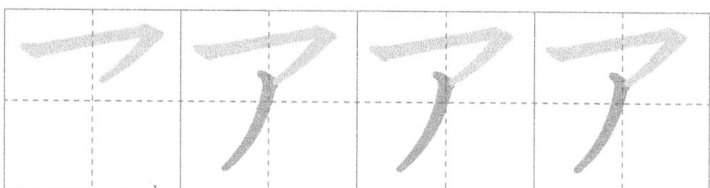

ESCRIBE — En primer lugar, traza el carácter en las casillas que aparecen a continuación.

PRACTICA　　　　　　　　　Ahora practica dibujando este carácter en estas casillas más pequeñas.

15

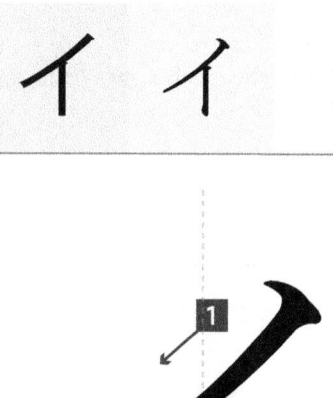

HABLA	Se pronuncia como la 'i' de 'invierno'.

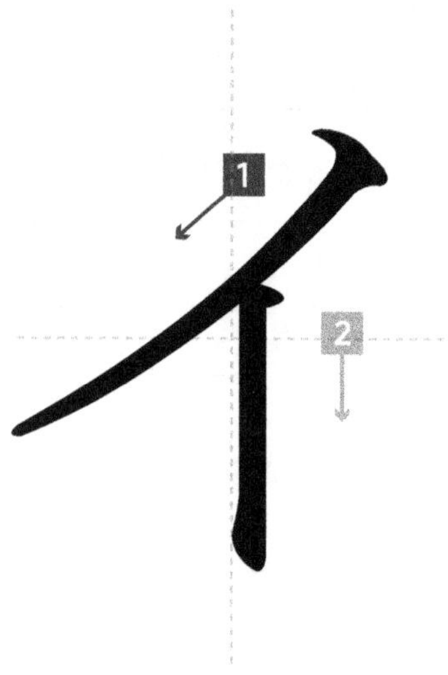

APRENDE	Este kana se dibuja con dos trazos: fade stroke, stop stroke.

El primer trazo es una línea diagonal ligeramente curvada que empieza en la parte superior derecha de la casilla y termina en la parte inferior izquierda con un movimiento gentil del lápiz. Para realizar el siguiente trazo empezamos cerca del centro del primero, justo a la derecha de la línea central vertical de la casilla. Mueve el lápiz hacia abajo en línea recta y para cuando te estés acercando al final de la casilla.

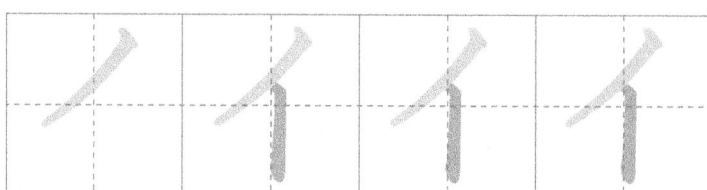

ESCRIBE — En primer lugar, traza el carácter en las casillas que aparecen a continuación.

PRACTICA   Ahora practica dibujando este carácter en estas casillas más pequeñas.

HABLA Se pronuncia como la 'u' de 'uno'.

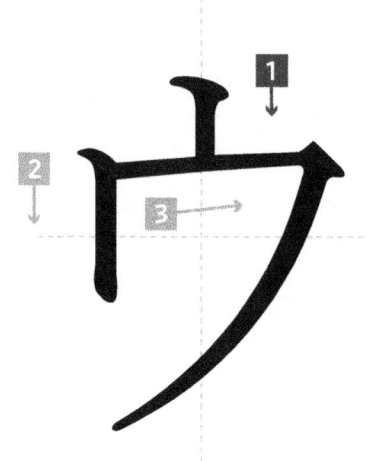

APRENDE Este kana se dibuja con tres trazos: stop stroke, stop stroke, fade stroke.

Haz la primera línea vertical con un trazo corto en la zona superior central. El segundo trazo corto es otra línea vertical que se dibuja a la izquierda de la primera, pero un poco más abajo. El último trazo empieza donde empezó el anterior. Mueve el lápiz horizontalmente de izquierda a derecha, toca el final del primer trazo y luego, en la parte derecha de la casilla, haz un giro brusco hacia abajo y a la izquierda formando una curva que se desvanece al final con un movimiento suave del lápiz.

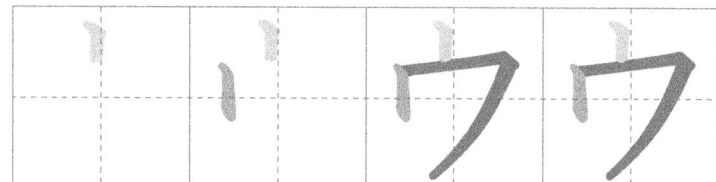

ESCRIBE En primer lugar, traza el carácter en las casillas que aparecen a continuación.

PRACTICA Ahora practica dibujando este carácter en estas casillas más pequeñas.

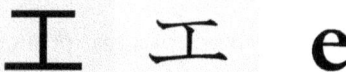 **e**

HABLA · Se pronuncia como la 'e' de 'elefante'.

APRENDE · Este kana se dibuja con tres trazos: todos son stop strokes.

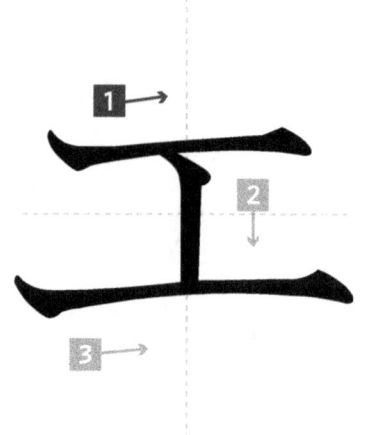

Para dibujar este kana, empieza con una línea horizontal en el centro de la parte superior de la casilla. El segundo trazo empieza en el centro del primero, y se desliza hacia abajo por la línea central vertical de la casilla. El último trazo es otra línea horizontal de izquierda a derecha que une su centro con el final del trazo anterior. Para asegurarte de que tu carácter está correctamente escrito, el último trazo debe ser más amplio que el primero.

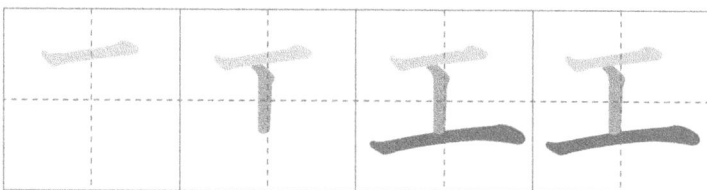

ESCRIBE · En primer lugar, traza el carácter en las casillas que aparecen a continuación.

PRACTICA Ahora practica dibujando este carácter en estas casillas más pequeñas.

21

 **o**

| HABLA | Se pronuncia como la 'o' de 'oreja'. |

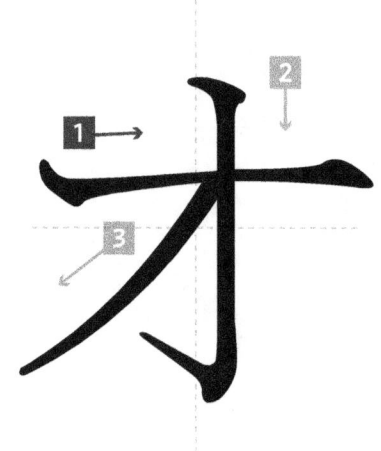

| APRENDE | Este kana tiene tres trazos: stop stroke, jump fade, fade. |

Empieza dibujando una línea horizontal larga de izquierda a derecha. El segundo trazo es una línea vertical que atraviesa a la primera a un tercio del lado derecho. Termina el segundo trazo girando y levantando rápidamente el lápiz del papel (a esto se le llama hane). El último trazo empieza en el cruce de las dos primeras líneas y forma una curva hacia abajo y a la izquierda hasta terminar con un movimiento gentil del lápiz para desvanecer el final de la línea – no debería llegar tan abajo como el segundo trazo.

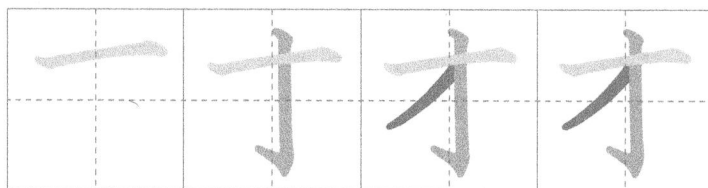

ESCRIBE   En primer lugar, traza el carácter en las casillas que aparecen a continuación.

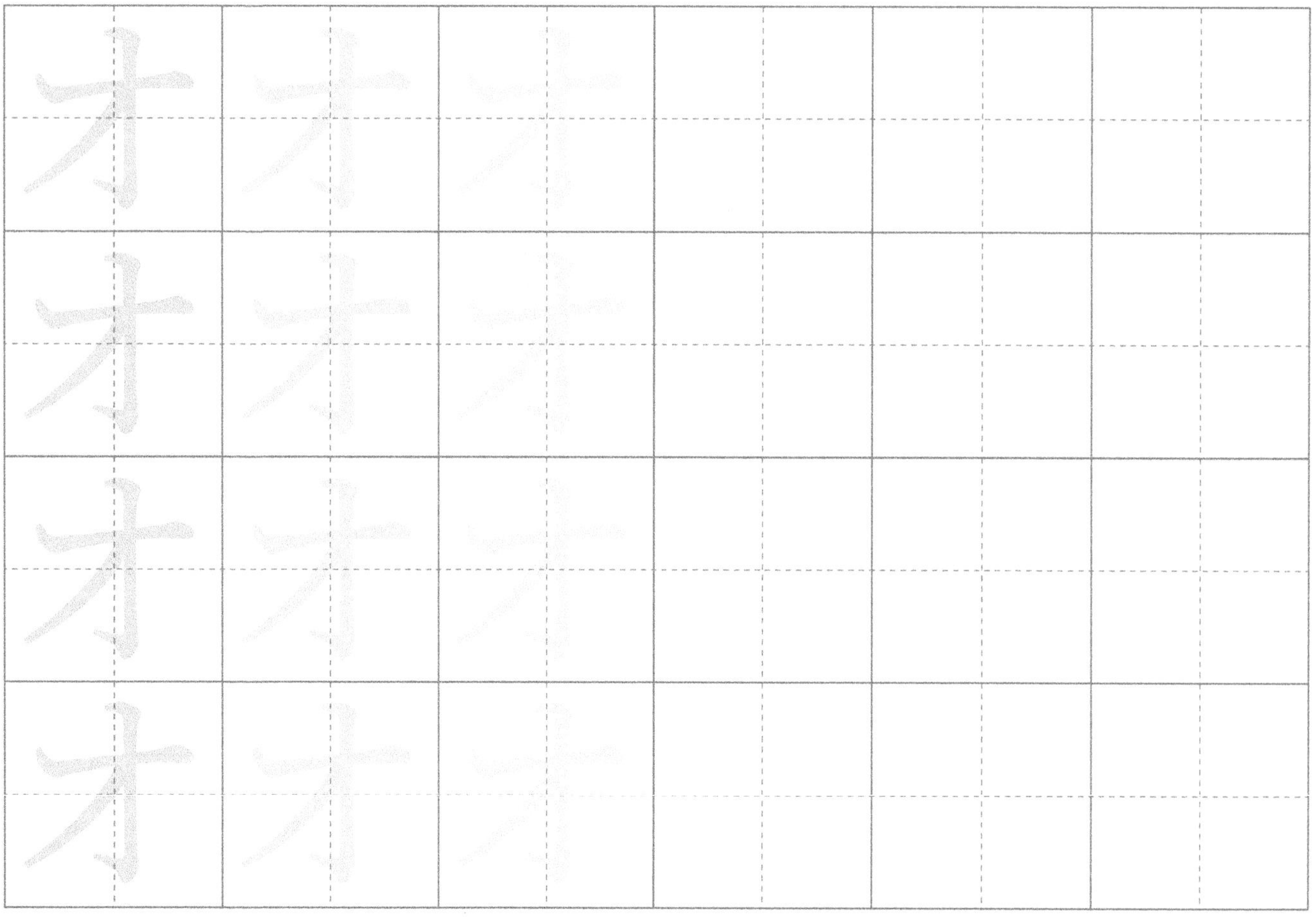

PRACTICA Ahora practica dibujando este carácter en estas casillas más pequeñas.

23

カ カ **ka**

HABLA — Se pronuncia como la sílaba 'ca' de 'casa'.

APRENDE — Este kana se dibuja con dos trazos: jump fade, stop stroke.

Este carácter es una versión angular del hiragana か y empieza con una línea horizontal ligeramente inclinada que gira hacia debajo de manera brusca. La parte baja de esta última línea vertical debería tener una pequeña curva hacia atrás y diagonalmente hacia la izquierda. Termina este trazo con un hane levantando rápido el lápiz del papel. El segundo trazo es una línea diagonal hacia abajo con una curva hacia la izquierda.

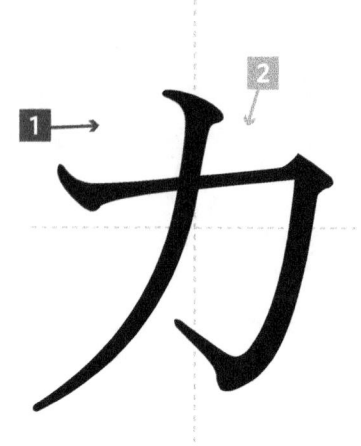

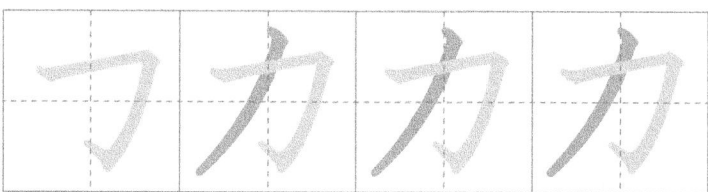

ESCRIBE — En primer lugar, traza el carácter en las casillas que aparecen a continuación.

PRACTICA Ahora practica dibujando este carácter en estas casillas más pequeñas.

25

HABLA   Se pronuncia como la 'ki' de 'kilo'.

APRENDE   Se dibuja con tres trazos: stop stroke, stop stroke, stop stroke.

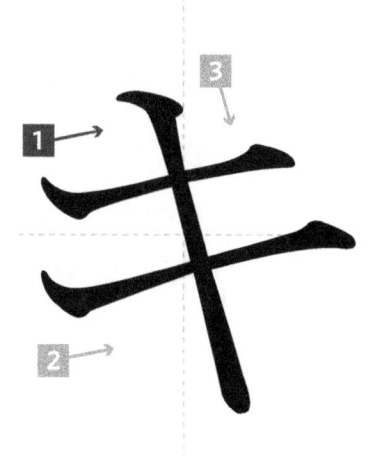

Te habrás dado cuenta de que este Katakana también tiene un gran parecido a su Hiragana correspondiente – los dos primeros trazos son líneas paralelas diagonales de izquierda a derecha en una dirección hacia arriba, y la segunda línea es un poco más larga que la primera. El último trazo es simplemente otra línea diagonal recta que va desde la parte superior izquierda hasta la parte inferior derecha de la casilla. Debería atravesar a las otras dos líneas aproximadamente por la mitad de ambas.

ESCRIBE   En primer lugar, traza el carácter en las casillas que aparecen a continuación.

PRACTICA Ahora practica dibujando este carácter en estas casillas más pequeñas.

ク ク **ku**

HABLA   Se pronuncia como la 'cu' de 'cuna'.

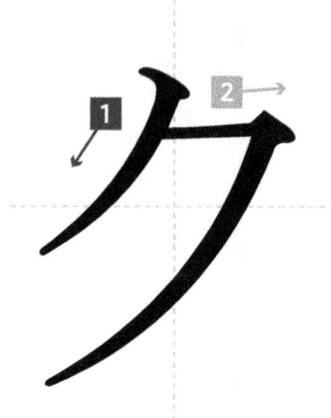

APRENDE   Este kana se escribe con dos trazos: ambos son fade strokes.

Empieza con la primera línea diagonal curvada desde la parte central superior de la casilla hacia abajo y a la izquierda. Inicia el segundo trazo casi en el mismo sitio que el primero. Este trazo comienza con una línea horizontal bastante más corta que la del kana anterior antes de realizar un giro brusco y seguir como una curva en diagonal mucho más larga hacia abajo y a la izquierda de la casilla. ¡Practica cómo hacer que las dos partes en diagonal sean paralelas para que la escritura se vea mejor!

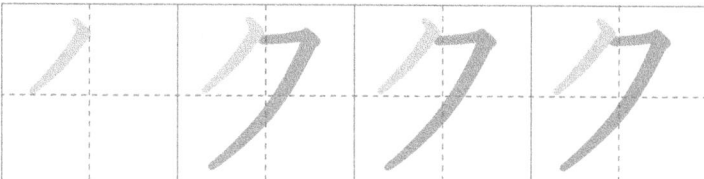

ESCRIBE   En primer lugar, traza el carácter en las casillas que aparecen a continuación.

PRACTICA   Ahora practica dibujando este carácter en estas casillas más pequeñas.

ケ ケ **ke**

HABLA — Se pronuncia como la 'que' de 'queso'.

APRENDE — Este kana tiene tres trazos: fade stroke, stop stroke, fade.

Empieza de una manera parecida al katakana ク anterior, dibuja el primer trazo diagonal y termina con un movimiento gentil del lápiz reduciendo la presión mientras lo separas del papel para desvanecer el trazo. La segunda línea empieza aproximadamente en la mitad del primer trazo esta vez y es simplemente una línea horizontal más larga que termina sin movimientos ni giros suaves del lápiz. Empieza la tercera línea en la mitad de la segunda y desliza tu lápiz formando una curva hacia abajo y a la izquierda que se desvanece de la misma manera que la primera, quedando paralela a ésta.

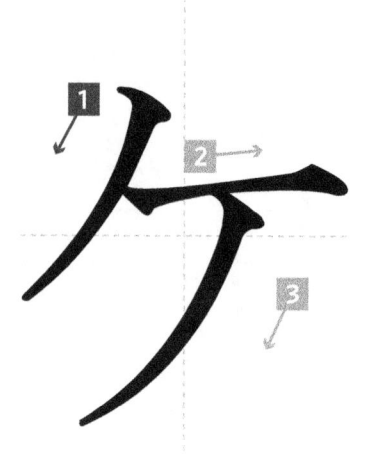

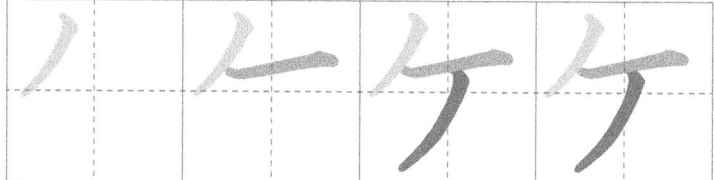

ESCRIBE — En primer lugar, traza el carácter en las casillas que aparecen a continuación.

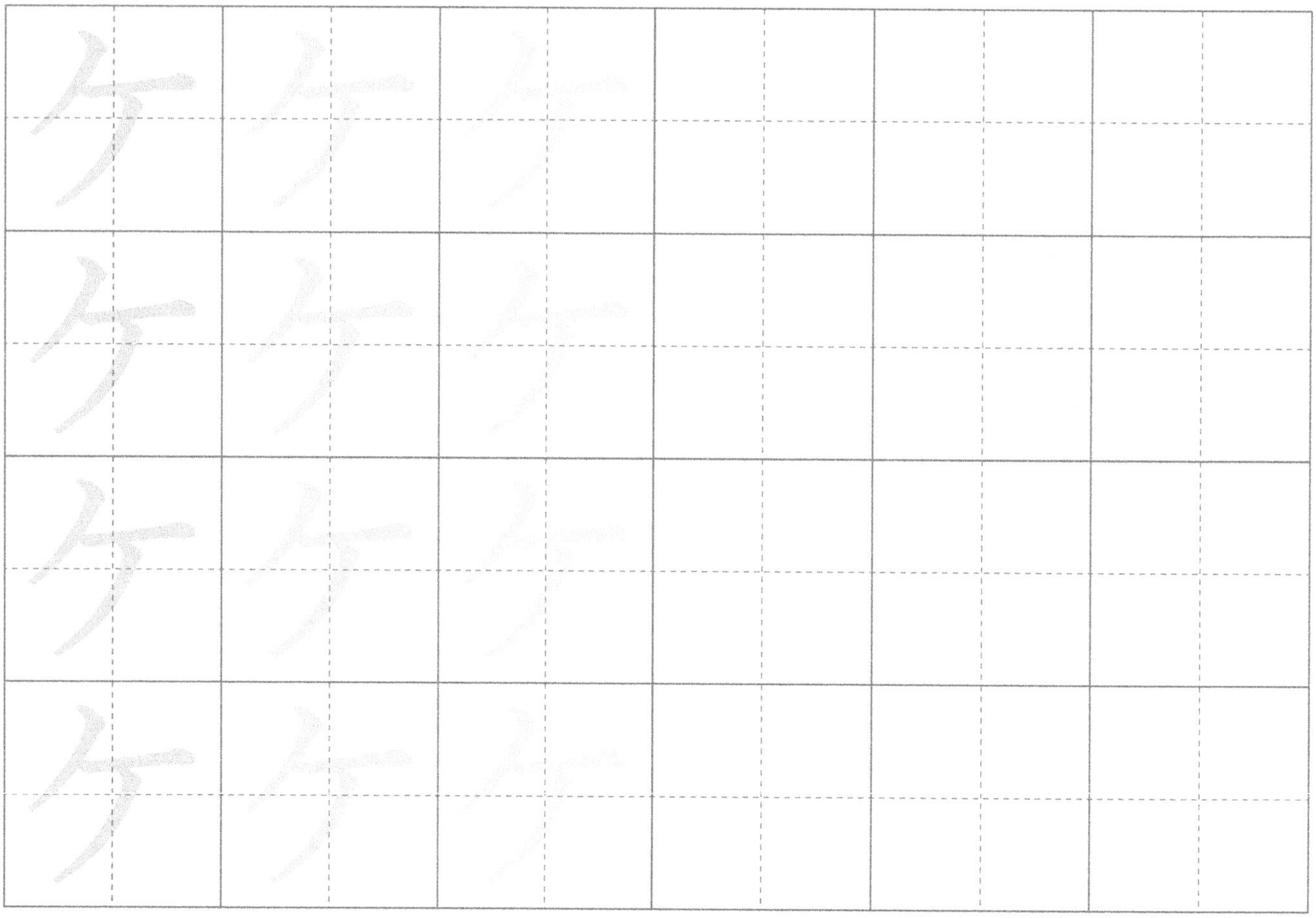

PRACTICA   Ahora practica dibujando este carácter en estas casillas más pequeñas.

コ　コ　ko

HABLA　Se pronuncia como la 'co' de 'comida'.

APRENDE　Este kana se dibuja con dos trazos: ambos son stop strokes.

El primer trazo es una línea horizontal que para y gira hacia debajo de una manera muy brusca. El segundo trazo es otra línea horizontal que va de izquierda a derecha y que debería pasar por el final del anterior sin atravesarlo antes de terminar. Las dos líneas horizontales deberían ser paralelas y de la misma longitud.

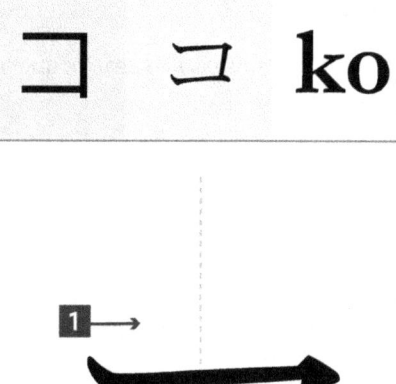

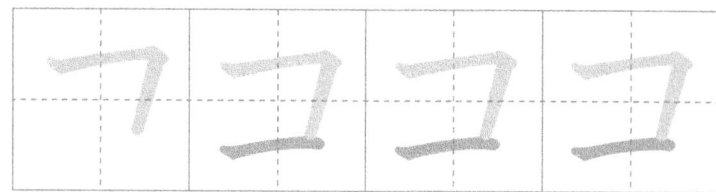

ESCRIBE　En primer lugar, traza el carácter en las casillas que aparecen a continuación.

PRACTICA Ahora practica dibujando este carácter en estas casillas más pequeñas.

サ サ **sa**

HABLA — Se pronuncia como la 'sa' de 'salida'.

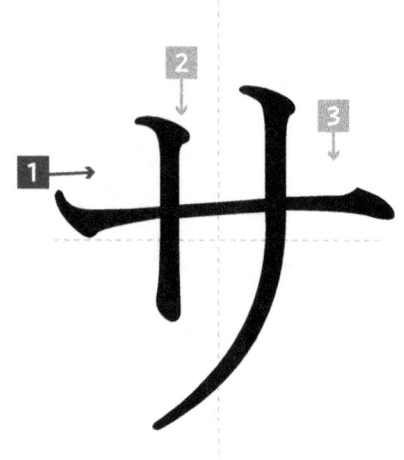

APRENDE — Este kana se dibuja con tres trazos: stop stroke, stop stroke, fade stroke.

Empieza este kana con una línea horizontal larga. La segunda línea atraviesa a la primera aproximadamente a un tercio de la izquierda, y se dibuja hacia abajo. El tercer trazo es una línea curvada más larga que atraviesa a la primera, aproximadamente a un tercio de la parte derecha. Empieza como una línea vertical hasta antes del cruce, pero se curva hacia la izquierda después de atravesar a la primera línea.

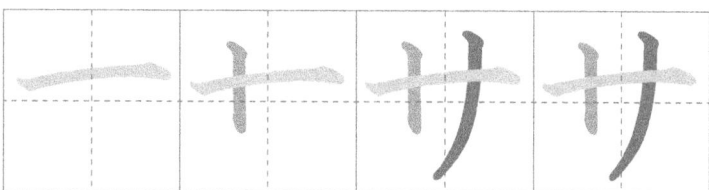

ESCRIBE — En primer lugar, traza el carácter en las casillas que aparecen a continuación.

34

PRACTICA Ahora practica dibujando este carácter en estas casillas más pequeñas.

HABLA	Se pronuncia como la 'shi', de 'sushi'. *No es un sonido común en español, pero se asemeja al sonido 'shhh' que usamos para pedir silencio seguido de una i.*

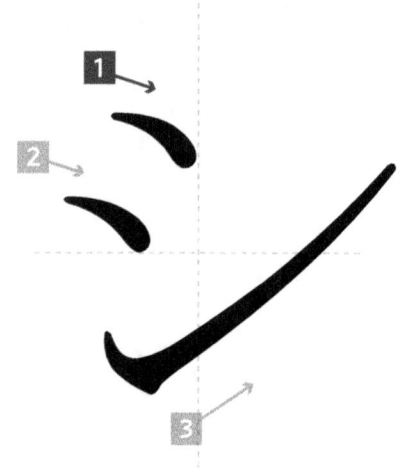

APRENDE — Dibuja este kana con tres trazos: stop strokes, stop stroke, fade stroke.

Tanto el primer como el segundo trazo son líneas cortas que no se desvanecen al final, dibujadas en paralelo y un poco inclinadas hacia abajo. El tercer trazo empieza en la zona inferior izquierda de la casilla, debajo de los primeros trazos, y se curva hacia arriba y a la derecha. Deberías prestar especial atención al espacio que hay entre los tres trazos y al punto desde el que empiezan. Veremos algunos caracteres muy parecidos a este en las próximas páginas.

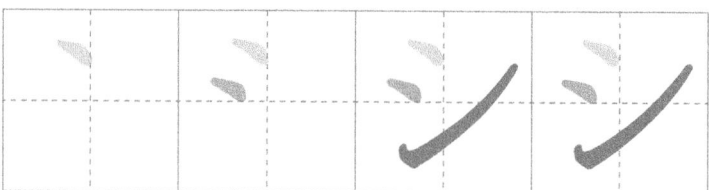

ESCRIBE — En primer lugar, traza el carácter en las casillas que aparecen a continuación.

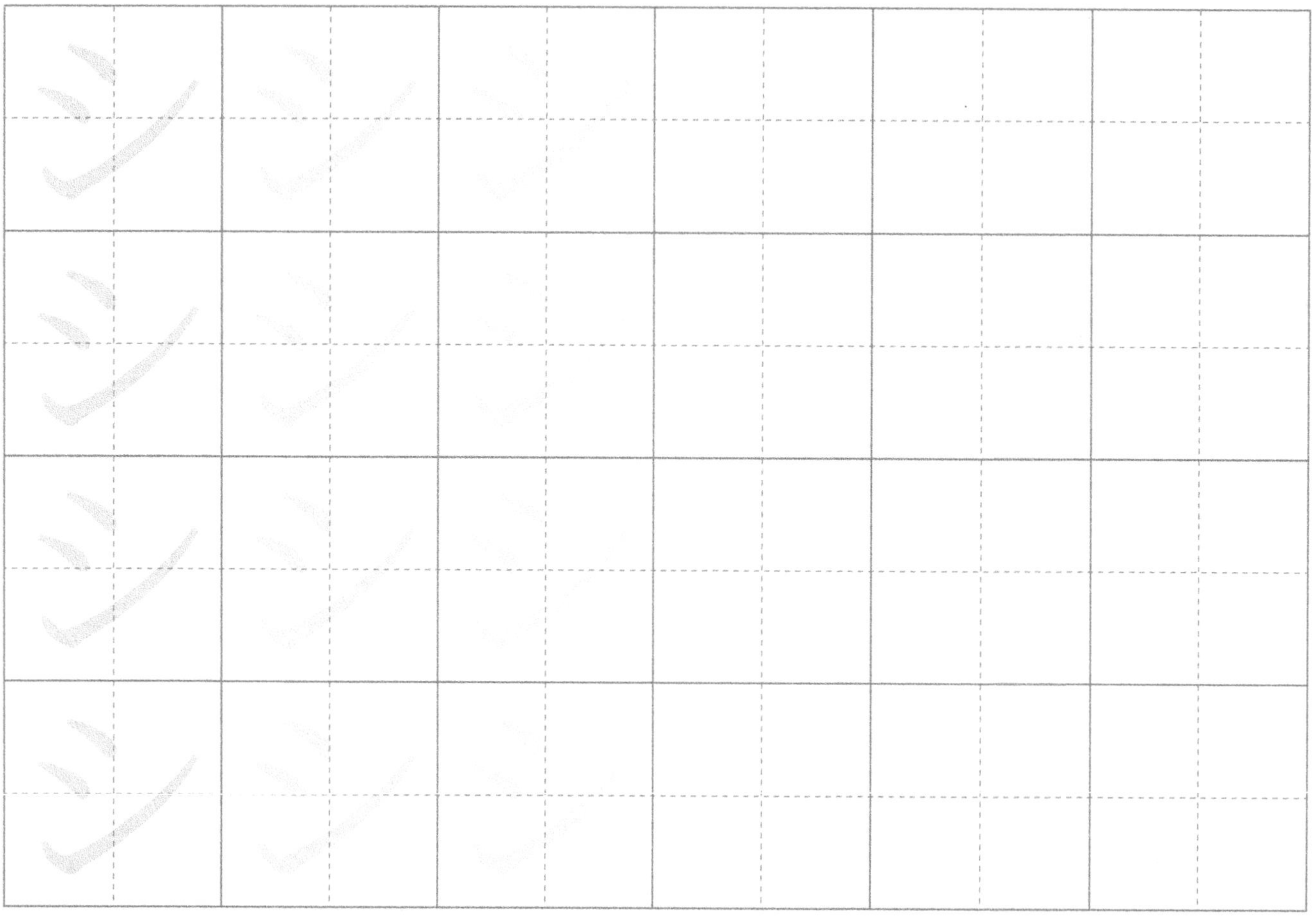

PRACTICA Ahora practica dibujando este carácter en estas casillas más pequeñas.

37

ス ス **su**

HABLA — Se pronuncia como la 'su' de 'subir'.

APRENDE — Este kana tiene dos trazos: fade stroke, stop stroke.

Este carácter empieza con un trazo que ya hemos realizado en algún kana anterior. Comienza con una línea horizontal de izquierda a derecha antes de girar abruptamente y convertirse en una curva que se desliza hacia abajo y de vuelta a la izquierda hasta desvanecerse con un movimiento suave del lápiz. La segunda línea es un trazo relativamente corto que no se desvanece como el anterior y empieza aproximadamente en la mitad de la curva del trazo anterior.

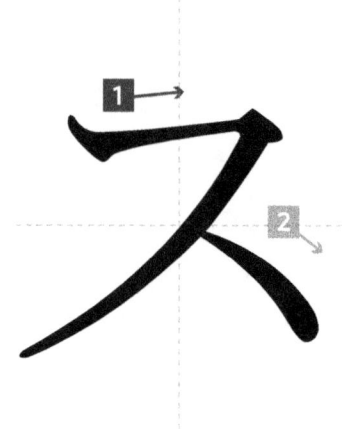

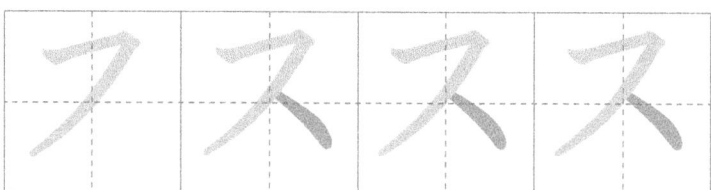

ESCRIBE — En primer lugar, traza el carácter en las casillas que aparecen a continuación.

PRACTICA Ahora practica dibujando este carácter en estas casillas más pequeñas.

セ セ **se**

HABLA — Se pronuncia como la 'se' de 'semana'.

APRENDE — Este kana se dibuja con dos trazos: fade stroke, stop stroke.

Empieza el primer trazo con una línea relativamente larga e inclinada de izquierda a derecha. A medida que te acerques al lado derecho, la línea gira hacia abajo y a la izquierda – pero no de una manera tan brusca como en otros kana. La segunda línea empieza como un trazo vertical recto que se desliza desde la parte superior de la casilla y luego gira hacia la derecha cuando se acerca al final de la casilla.

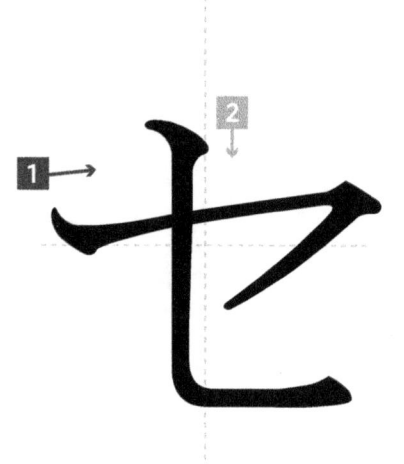

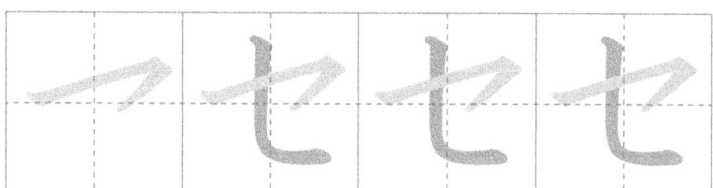

ESCRIBE — En primer lugar, traza el carácter en las casillas que aparecen a continuación.

PRACTICA Ahora practica dibujando este carácter en estas casillas más pequeñas.

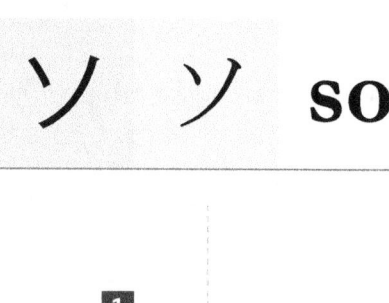 **so**

HABLA — Se pronuncia como la 'so' de 'sonido'.

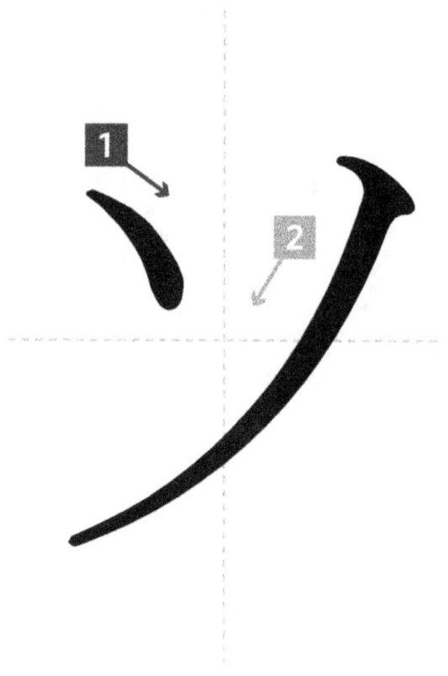

APRENDE — Este kana se crea con dos trazos: stop stroke, fade stroke.

Empieza en la parte superior izquierda de la casilla con un trazo corto e inclinado, que no se desvanece al separar el lápiz del papel. Esta marca debería hacerse con un ángulo inclinado, pero se parece mucho a una línea diagonal. Una vez más, el segundo trazo se realiza con una curva larga que se desvanece a medida que se acerca a la parte inferior izquierda de la casilla. El punto de inicio de esta segunda línea debería estar a una altura similar al de la primera línea.

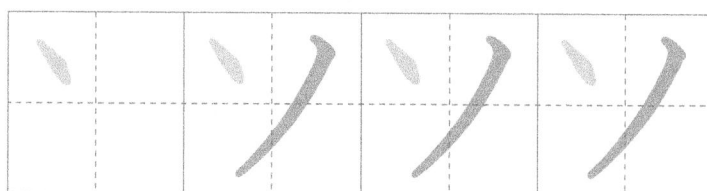

ESCRIBE — En primer lugar, traza el carácter en las casillas que aparecen a continuación.

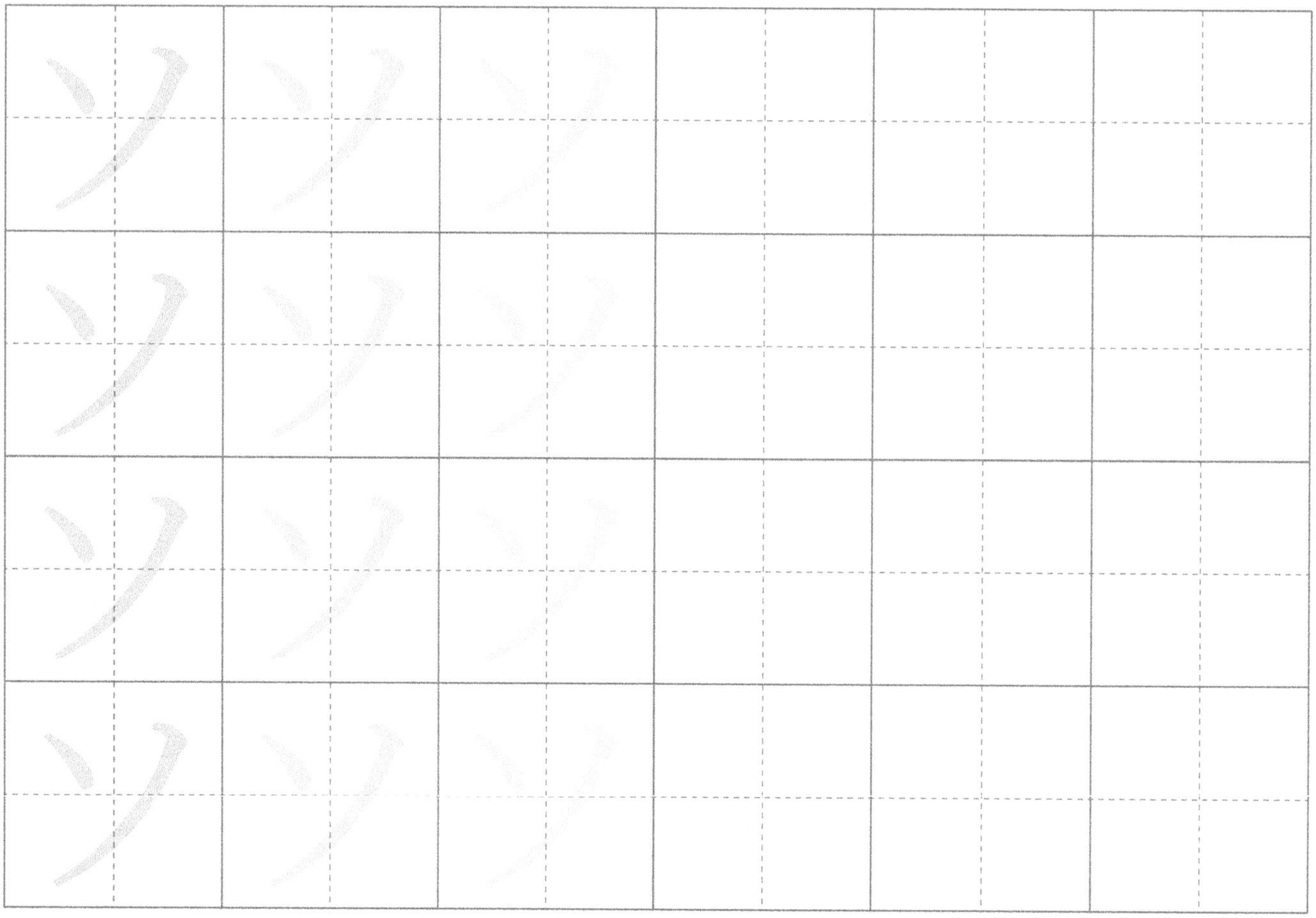

PRACTICA Ahora practica dibujando este carácter en estas casillas más pequeñas.

タ タ **ta**

HABLA — Se pronuncia como la 'ta' de 'taza'.

APRENDE — Este kana se dibuja con tres trazos: fade, fade, stop stroke.

Este es otro de los kana que presentan algunas formas que ahora nos resultan familiar. De manera parecida a ク y ケ, el primer trazo de este carácter es una curva diagonal que se va desvaneciendo desde la parte superior central hasta la parte inferior izquierda de la casilla. El segundo trazo empieza con una línea horizontal que tiene el mismo punto de inicio que la anterior, y gira hacia abajo y a la izquierda formando una curva. El último trazo es una línea corta y diagonal que comienza en el centro del primer trazo y atraviesa al segundo trazo por la mitad.

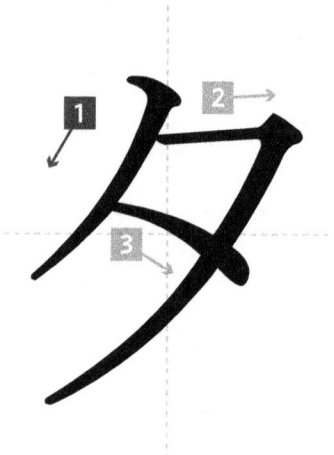

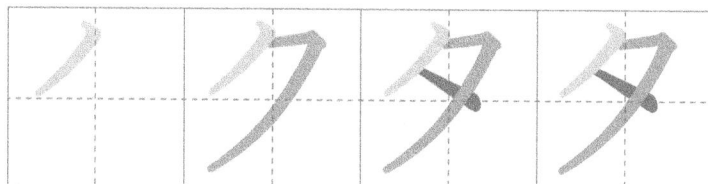

ESCRIBE — En primer lugar, traza el carácter en las casillas que aparecen a continuación.

PRACTICA　　　　　　　　Ahora practica dibujando este carácter en estas casillas más pequeñas.

45

チ チ chi

HABLA Se pronuncia como la 'chi' de 'chiste'.

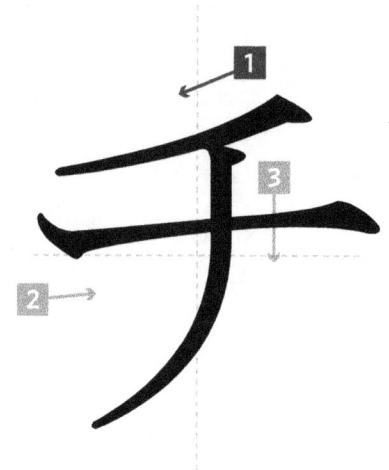

APRENDE Este kana se dibuja con tres trazos: fade stroke, stop stroke, fade stroke.

La primera línea es una curva corta que comienza en la parte superior derecha y se va desvaneciendo mientras se desliza hacia abajo y ligeramente a la izquierda. El segundo trazo es una línea horizontal larga que no se desvanece. El tercer trazo debería empezar en el centro de la primera curva y atraviesa a la segunda línea antes de curvarse hacia abajo y a la izquierda. ¡Asegúrate de que tu segunda línea sea más amplia que la primera y sobresalga por ambos lados!

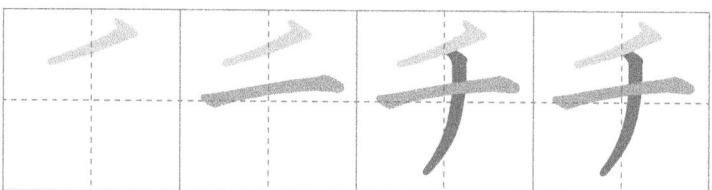

ESCRIBE En primer lugar, traza el carácter en las casillas que aparecen a continuación.

PRACTICA Ahora practica dibujando este carácter en estas casillas más pequeñas.

47

ツ ツ tsu

Se pronuncia como la 'tsu' de 'tsunami'.

Este kana tiene tres trazos: dos stop strokes y un fade stroke.

Este carácter se parece al Katakana シ y, de manera similar a éste, sus dos primeros trazos se dibujan como dos líneas paralelas e inclinadas. La tercera línea es una curva amplia que comienza en la zona superior derecha y se va desvaneciendo mientras se desliza hacia la parte inferior izquierda de la casilla. Al igual que ocurre con el Katakana シ, presta atención al espacio de los puntos de inicio de cada trazo.

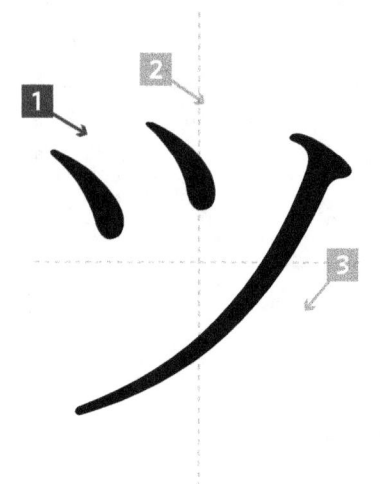

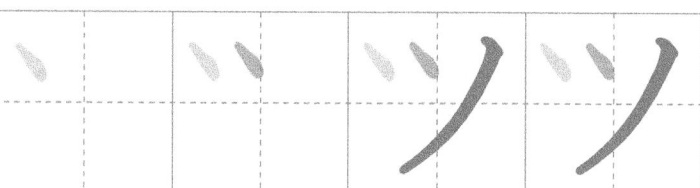

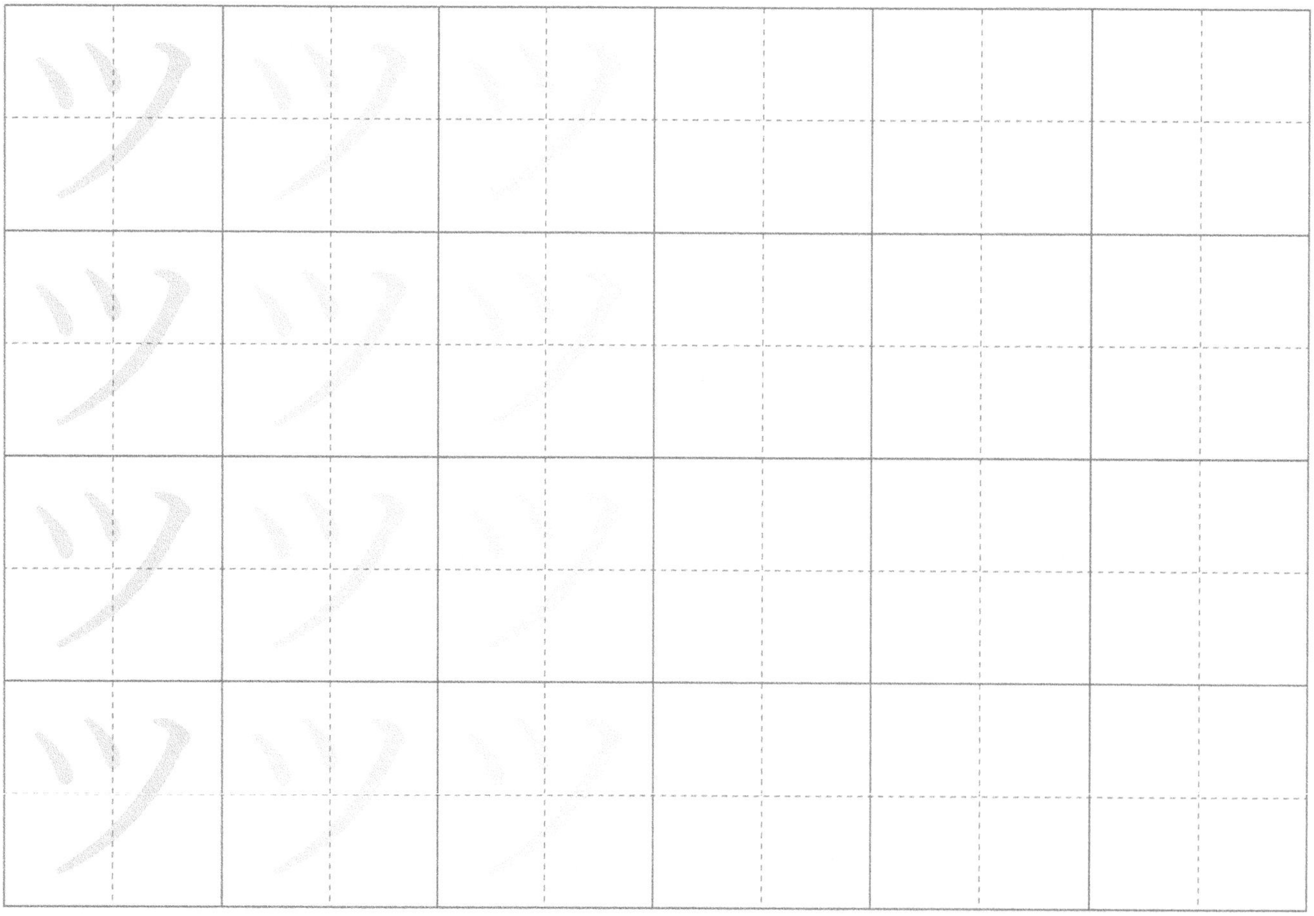

PRACTICA Ahora practica dibujando este carácter en estas casillas más pequeñas.

テ テ **te**

HABLA Se pronuncia como la 'te' de 'tenedor'.

APRENDE Este kana se dibuja con tres trazos: stop stroke, stop stroke, fade stroke.

Este kana empieza con dos trazos paralelos, formando líneas horizontales de izquierda a derecha. Asegúrate de que la segunda línea sea más larga que la primera. El tercer trazo es una línea diagonal, curvada y más corta que la anterior que se desliza hacia la zona inferior izquierda de la casilla. Además, comienza en el centro del segundo trazo.

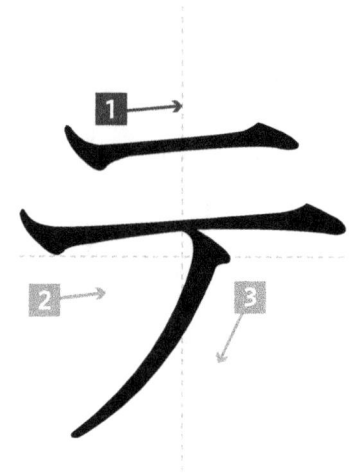

ESCRIBE En primer lugar, traza el carácter en las casillas que aparecen a continuación.

PRACTICA   Ahora practica dibujando este carácter en estas casillas más pequeñas.

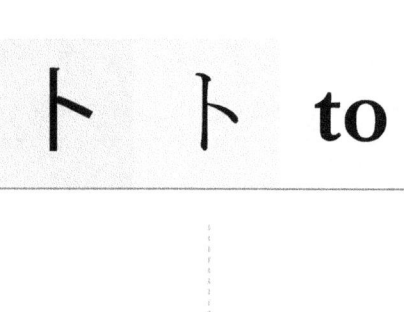 **to**

HABLA Se pronuncia con la 'to' de 'todo'.

APRENDE Este kana se crea con dos trazos: stop stroke, stop stroke.

Dibuja una línea vertical larga que empieza cerca de la parte superior de la casilla, y se desliza hacia abajo ligeramente a la izquierda de la línea central vertical. Termina cerca del final de la casilla sin ningún movimiento ni giro gentil del lápiz. La segunda línea es una marca mucho más corta que tampoco se desvanece. Para dibujarla, comenzamos arriba del centro de la casilla y la deslizamos hacia abajo y a la derecha formando una línea diagonal.

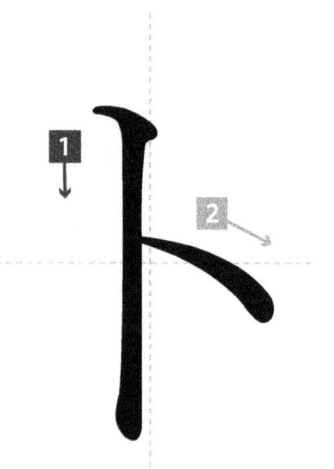

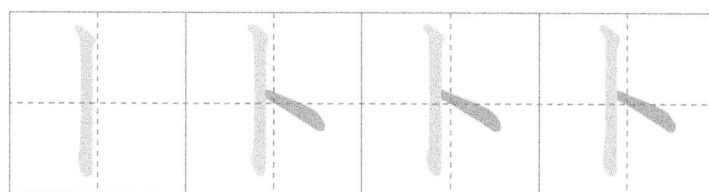

ESCRIBE En primer lugar, traza el carácter en las casillas que aparecen a continuación.

PRACTICA   Ahora practica dibujando este carácter en estas casillas más pequeñas.

ナ ナ **na**

HABLA — Se pronuncia como la 'na' de 'nada'.

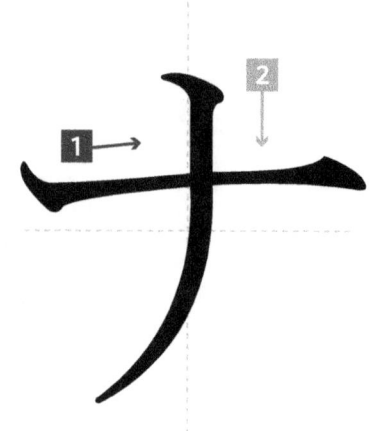

APRENDE — Este kana tiene dos trazos: stop stroke, fade stroke.

Empieza con un trazo horizontal relativamente largo cerca de la línea central horizontal de la casilla. La segunda línea comienza cerca de la parte superior, en el centro, y se desliza hacia abajo atravesando el primer trazo. Empieza como una línea vertical y se curva hacia la parte inferior izquierda de la casilla después de atravesar al otro trazo.

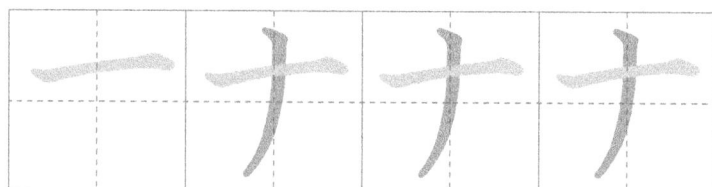

ESCRIBE — En primer lugar, traza el carácter en las casillas que aparecen a continuación.

PRACTICA Ahora practica dibujando este carácter en estas casillas más pequeñas.

ニ ニ **ni**

HABLA Se pronuncia como la 'ni' de 'nido'.

APRENDE Este kana tiene dos trazos: ambos son stop strokes.

Se trata de uno de los símbolos de Katakana más sencillos, dibujamos el kana ニ con dos líneas paralelas. Cada una de ellas se mueve horizontalmente, y un poco inclinadas, de izquierda a derecha. El segundo trazo debería ser más largo que el primero, sobresaliendo por ambos lados.

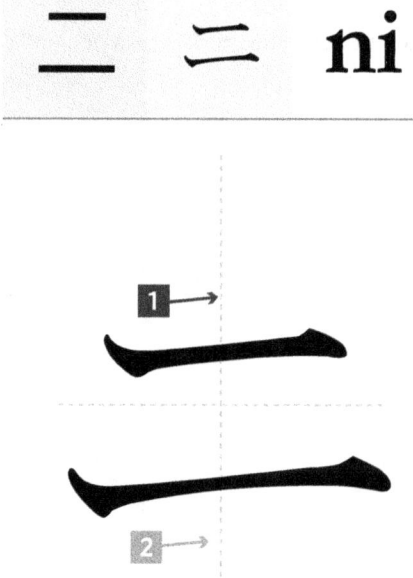

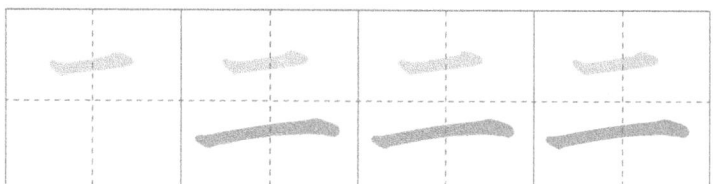

ESCRIBE En primer lugar, traza el carácter en las casillas que aparecen a continuación.

PRACTICA   Ahora practica dibujando este carácter en estas casillas más pequeñas.

ヌ ヌ **nu**

HABLA — Se pronuncia como la 'nu' de 'nube'.

APRENDE — Se dibuja con dos trazos: fade stroke, stop stroke.

El primer trazo comienza con una línea horizontal un poco inclinada hacia arriba que se desliza de izquierda a derecha. Sin levantar el lápiz, gira de manera brusca hacia abajo creando una curva amplia. El lápiz debe levantarse suavemente del papel a medida que se acerque a la parte inferior izquierda de la casilla. La segunda línea es una curva más corta que, a diferencia de la anterior, no se desvanece. Empieza debajo del punto de inicio de la primera y atraviesa por la mitad a la curva que acabas de hacer.

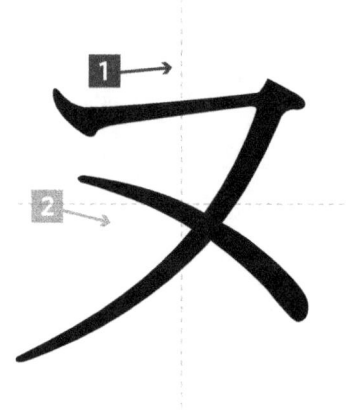

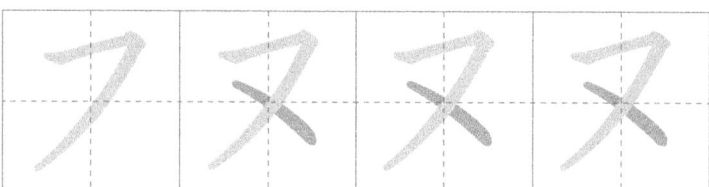

ESCRIBE — En primer lugar, traza el carácter en las casillas que aparecen a continuación.

PRACTICA Ahora practica dibujando este carácter en estas casillas más pequeñas.

ネ ネ **ne**

HABLA   Se pronuncia como la 'ne' de 'negocio'.

APRENDE   Este kana tiene cuatro trazos: stop, fade, stop, stop stroke.

Empieza dibujando una línea pequeña e inclinada en la parte superior central de la casilla. El segundo trazo comienza con una línea horizontal antes de girar abruptamente formando una curva que se desvanece a medida que se aproxima a la parte inferior izquierda. El tercer trazo es una línea vertical cuyo punto de inicio se encuentra en la mitad de la curva que acabas de dibujar con la línea anterior. El último trazo es una línea diagonal corta que debería ser aproximadamente de la misma longitud que la parte final de la curva larga.

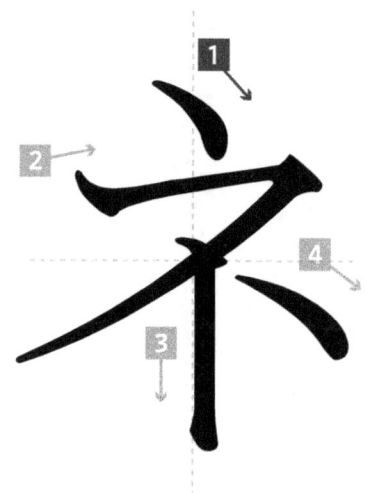

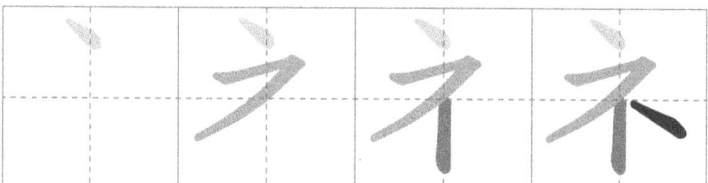

ESCRIBE   En primer lugar, traza el carácter en las casillas que aparecen a continuación.

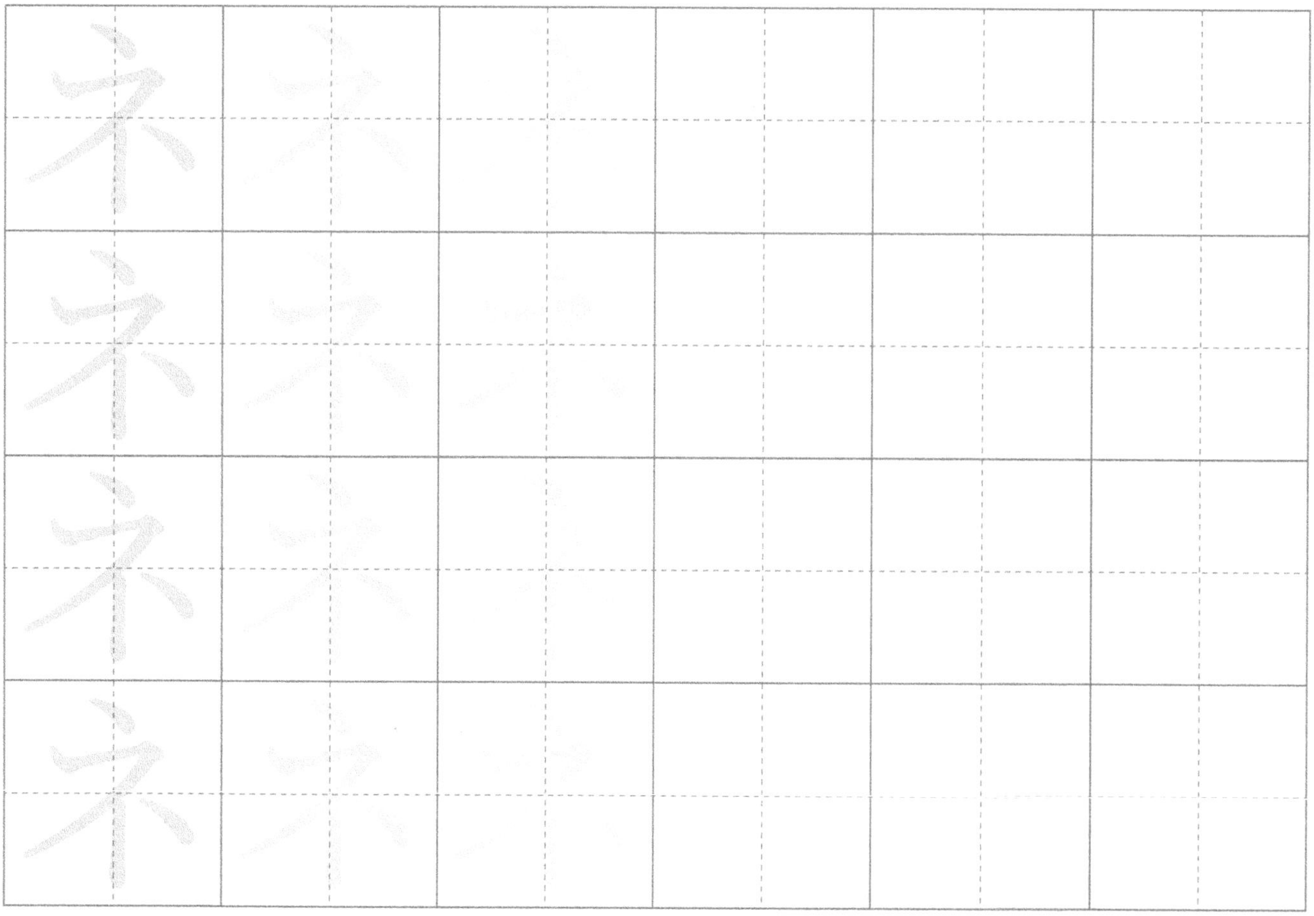

PRACTICA Ahora practica dibujando este carácter en estas casillas más pequeñas.

ノ ノ no

HABLA — Se pronuncia como la 'no' de 'noche'.

APRENDE — Este kana se escribe con un trazo: fade stroke.

Es muy probable que este sea el Katakana más simple, ya que consiste en un único trazo que forma una curva. Empieza en la parte superior derecha y se desliza hacia abajo hasta desvanecerse en la parte inferior izquierda. Presta atención al posicionamiento de este kana.

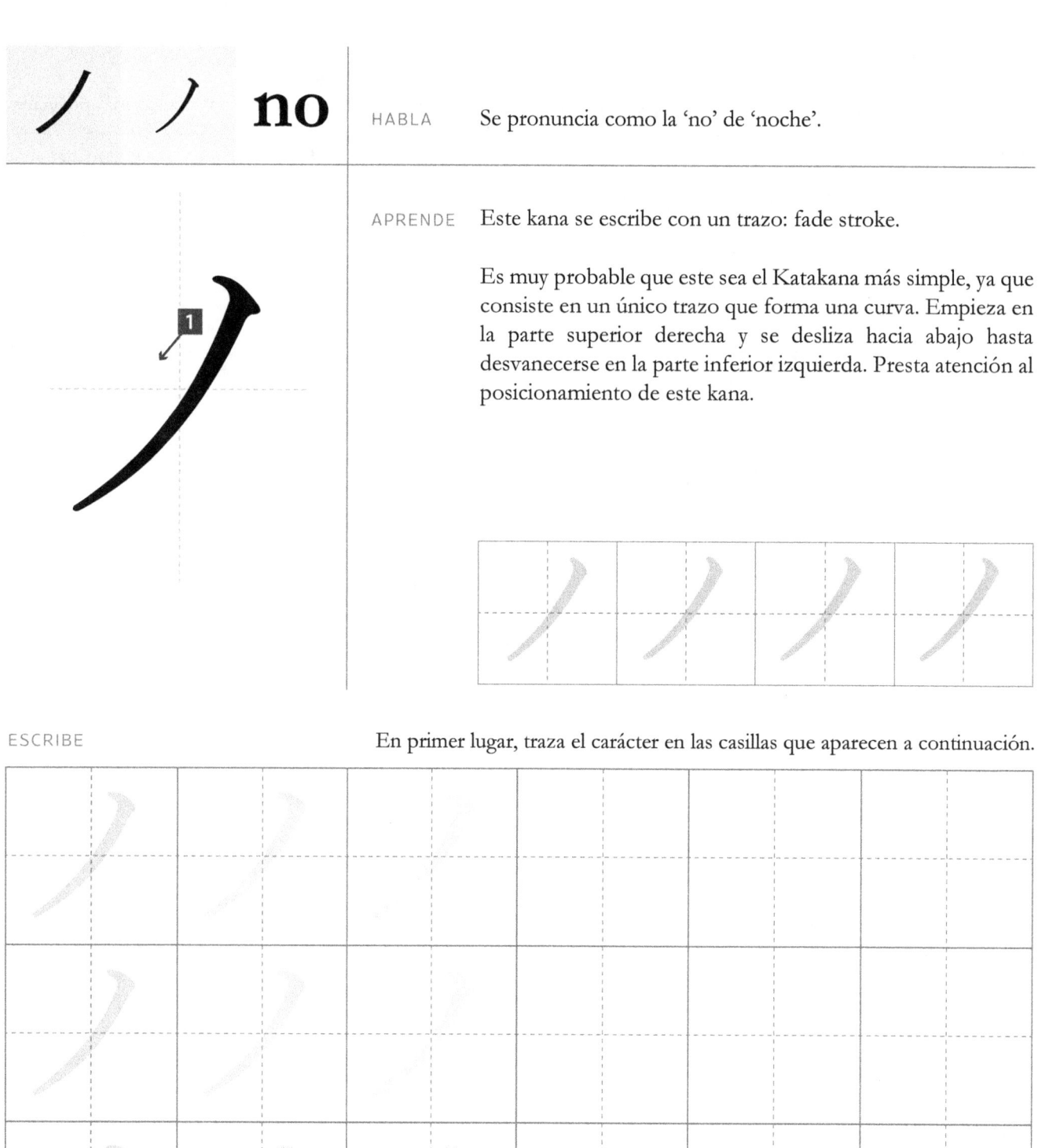

ESCRIBE — En primer lugar, traza el carácter en las casillas que aparecen a continuación.

62

PRACTICA   Ahora practica dibujando este carácter en estas casillas más pequeñas.

| HABLA | Se pronuncia como la 'ja' de 'jamón'. |

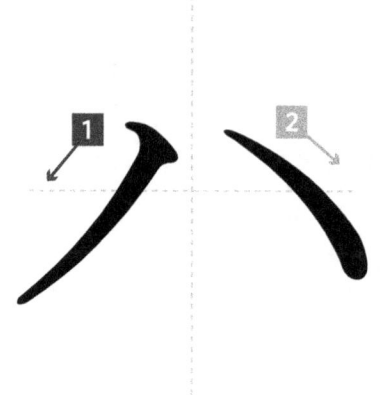

APRENDE Dibuja este kana con dos trazos: fade stroke, stop stroke.

El primer trazo es una línea diagonal curvada que empieza a la izquierda de la línea central de la casilla y se desplaza hacia abajo y a la izquierda levantando el lápiz suavemente. La segunda línea es casi una imagen espejo de la primera, pero termina sin desvanecerse en la zona inferior derecha. El punto de inicio de ambos trazos debería tener un espacio en medio y se posicionan un poco alejados de la línea central vertical.

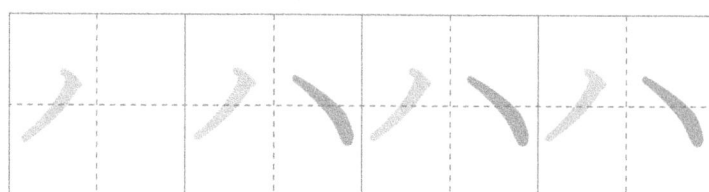

ESCRIBE En primer lugar, traza el carácter en las casillas que aparecen a continuación.

PRACTICA Ahora practica dibujando este carácter en estas casillas más pequeñas.

ヒ　ヒ　hi

HABLA　Se pronuncia como la 'ji' de 'jirafa'.

APRENDE　Este kana se dibuja con dos trazos: ambos son stop strokes.

Haz el primer trazo como una línea ligeramente inclinada de izquierda a derecha. La segunda línea empieza en la parte superior izquierda de la casilla y se mueve verticalmente hacia abajo, pasando por el inicio de la primera línea sin atravesarla. A medida que el lápiz se acerque a la zona inferior de la casilla, gira suavemente hacia la derecha – en este kana, a diferencia de otros, no se forma un ángulo de esquina afilado. El segundo trazo debería terminar debajo de donde acaba el primero.

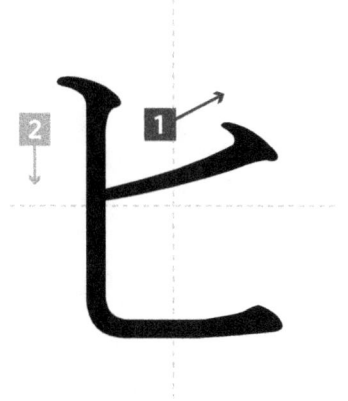

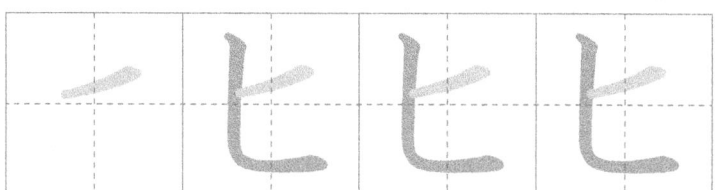

ESCRIBE　En primer lugar, traza el carácter en las casillas que aparecen a continuación.

PRACTICA Ahora practica dibujando este carácter en estas casillas más pequeñas.

フ フ **fu**

HABLA — Se pronuncia como la 'fu' de 'fuego', pero la 'f' es suave, es un sonido que se asemeja más al de una 'h' aspirada.

APRENDE — Se dibuja con un solo trazo: fade stroke.

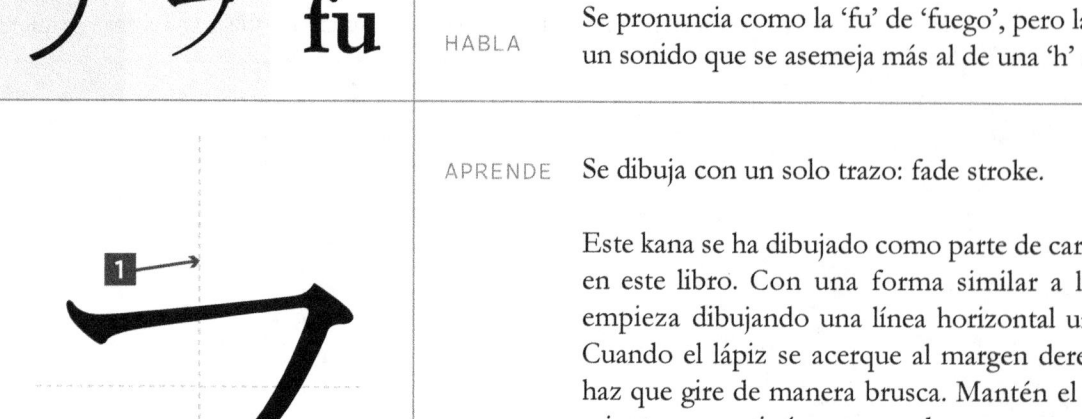

Este kana se ha dibujado como parte de caracteres anteriores en este libro. Con una forma similar a la del número 7, empieza dibujando una línea horizontal un poco inclinada. Cuando el lápiz se acerque al margen derecho de la casilla, haz que gire de manera brusca. Mantén el lápiz en el papel mientras continúas trazando una curva larga que se desvanece hacia abajo, hacia la parte inferior izquierda de la casilla.

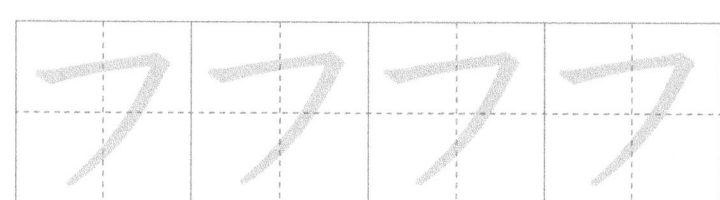

ESCRIBE — En primer lugar, traza el carácter en las casillas que aparecen a continuación.

PRACTICA Ahora practica dibujando este carácter en estas casillas más pequeñas.

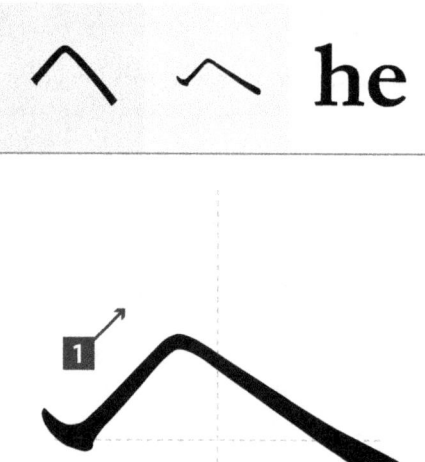 **he**

HABLA — Se pronuncia como la 'je' de 'jefe'.

APRENDE — Este kana se hace con un solo trazo: stop stroke.

Este kana de un solo trazo empieza en la parte central de la izquierda de la casilla. Desliza el lápiz diagonalmente hacia arriba y a la derecha, pero, antes de que alcances la línea central vertical, vuelve a girar hacia abajo y haz una línea diagonal más larga que la anterior hasta la parte inferior derecha. Asegúrate de que la 'cima' del trazo esté posicionada a la izquierda de la línea central.

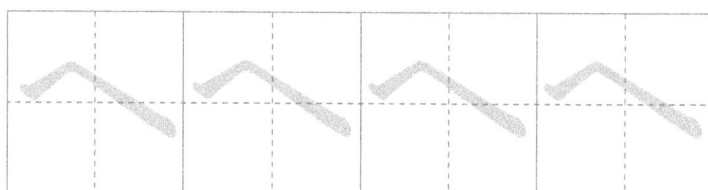

ESCRIBE — En primer lugar, traza el carácter en las casillas que aparecen a continuación.

PRACTICA Ahora practica dibujando este carácter en estas casillas más pequeñas.

ホ ホ ho

HABLA — Se pronuncia como la 'jo' de 'joya'.

APRENDE — Este kana tiene cuatro trazos: stop stroke, jump fade, stop stroke, stop stroke.

El primer trazo es una línea horizontal que va de izquierda a derecha. El segundo trazo es una línea vertical que atraviesa al primero justo por encima de la línea central horizontal de la casilla. Termina con un hane levantando rápido el lápiz del papel. Los dos últimos trazos se hacen igual que el kana ハ, formando una imagen espejo. No deberían estar pegados a ninguna de las otras líneas.

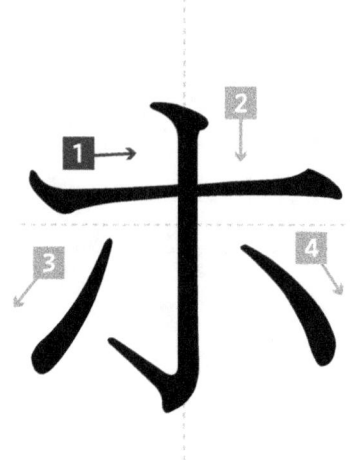

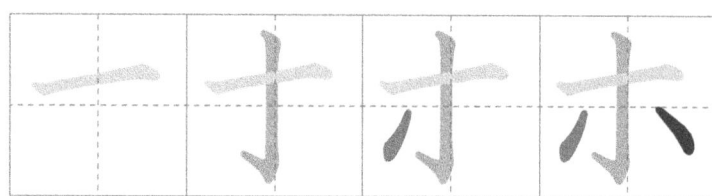

ESCRIBE — En primer lugar, traza el carácter en las casillas que aparecen a continuación.

PRACTICA   Ahora practica dibujando este carácter en estas casillas más pequeñas.

マ マ **ma**

HABLA Se pronuncia como la 'ma' de 'mamá'.

APRENDE Se dibuja con dos trazos: fade stroke, stop stroke.

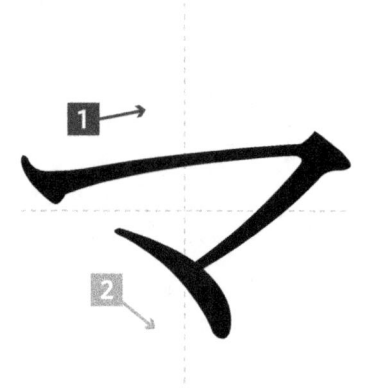

Empezando con un primer trazo que ya nos resulta familiar, desliza el lápiz a través de la casilla formando una línea horizontal. Sin levantar el lápiz, gira bruscamente hacia atrás y hacia abajo, a la izquierda, creando una curva más corta que la línea anterior hasta desvanecerse casi en la línea central vertical de la casilla. El segundo trazo es una línea relativamente corta, realizada inclinada hacia abajo y hacia la derecha. ¡Presta atención para no confundir este carácter con el kana ア que aprendimos al principio!

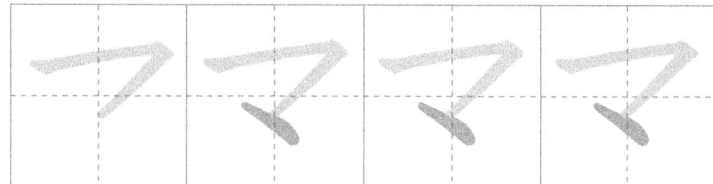

ESCRIBE En primer lugar, traza el carácter en las casillas que aparecen a continuación.

PRACTICA   Ahora practica dibujando este carácter en estas casillas más pequeñas.

| HABLA | Se pronuncia como la 'mi' de 'minuto'. |

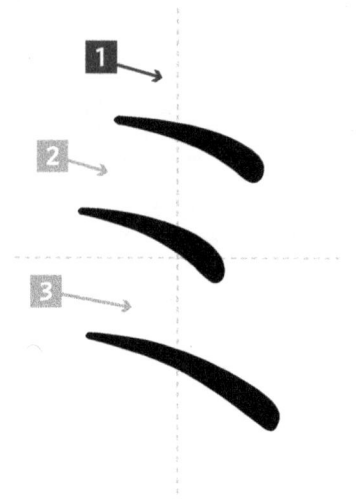

| APRENDE | Se dibuja con tres trazos: todos son stop stroke. |

Este kana es relativamente sencillo, pues consiste en tres líneas cortas y paralelas. Cada una de ellas se dibuja un poco inclinada, quitando el lápiz del papel cuando lo deslices de izquierda a derecha. El tercer trazo es un poco más largo que los otros dos, y su punto de inicio de inicio está un poco más a la derecha.

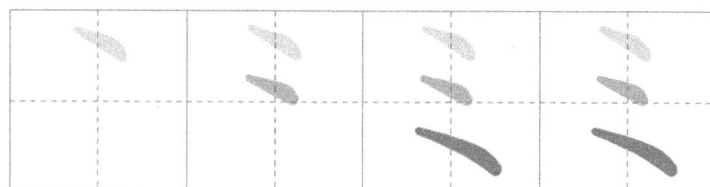

| ESCRIBE | En primer lugar, traza el carácter en las casillas que aparecen a continuación. |

PRACTICA   Ahora practica dibujando este carácter en estas casillas más pequeñas.

ム ム mu

HABLA — Se pronuncia como la 'mu' de 'mucho'.

APRENDE — Dibuja este kana con dos trazos: stop stroke, stop stroke.

Parece que este kana tiene tres trazos diferentes, pero en realidad son solo dos trazos, ya que el primero crea una especie de línea en forma de L. Empieza con una línea recta que se dibuja diagonalmente hacia abajo, desde la parte superior central hasta la parte inferior izquierda. Sin levantar el lápiz del papel, gira de manera brusca a la derecha. Desliza el lápiz por el papel formando un ángulo más estrecho y termina sin desvanecer la línea. El segundo trazo es una línea diagonal corta que tampoco se desvanece y que debería tocar el final del primer trazo a medida que desciende.

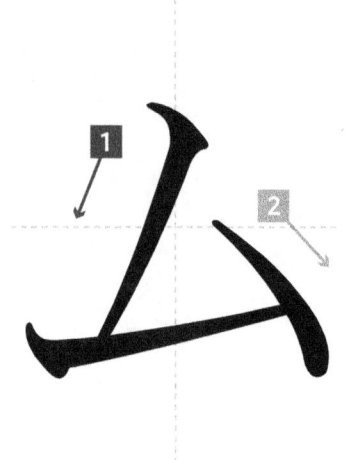

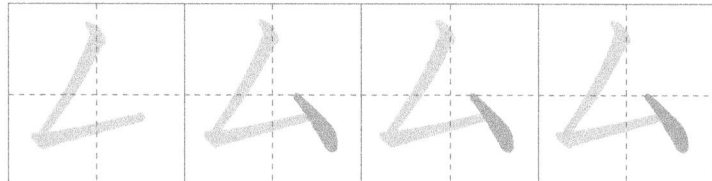

ESCRIBE — En primer lugar, traza el carácter en las casillas que aparecen a continuación.

78

PRACTICA   Ahora practica dibujando este carácter en estas casillas más pequeñas.

 **me**

HABLA — Se pronuncia como la 'me' de 'mesa'.

APRENDE — Este kana se dibuja con dos trazos: fade stroke, stop stroke.

El primer trazo es una línea curva relativamente larga, que se desliza desde la parte superior derecha de la casilla hasta la parte inferior izquierda. Esta línea debería terminar desvaneciéndose con un movimiento gentil del lápiz. La segunda línea diagonal es una curva más corta que atraviesa el centro de la primera y, a diferencia de ésta, termina sin desvanecerse.

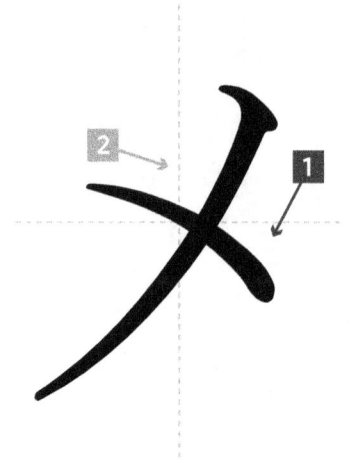

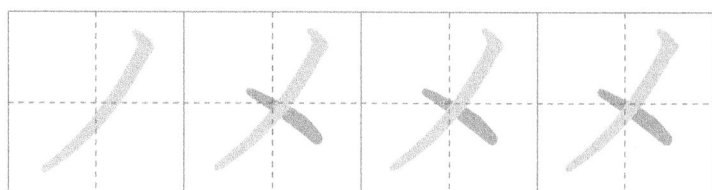

ESCRIBE — En primer lugar, traza el carácter en las casillas que aparecen a continuación.

PRACTICA Ahora practica dibujando este carácter en estas casillas más pequeñas.

 **mo**

HABLA Se pronuncia como la 'mo' de 'moneda'.

APRENDE Este kana tiene tres trazos: todos son stop strokes.

Para escribir este kana, comienza dibujando los dos primeros trazos como líneas horizontales. El segundo debería ser un poco más largo que el primero. El tercer trazo empieza aproximadamente en el centro de la primera línea y se dibuja como una línea vertical hacia abajo. Atraviesa la segunda línea y, a medida que el lápiz se acerque a la parte inferior de la casilla, gira suavemente el trazo hacia la derecha, avanza un poco, y para.

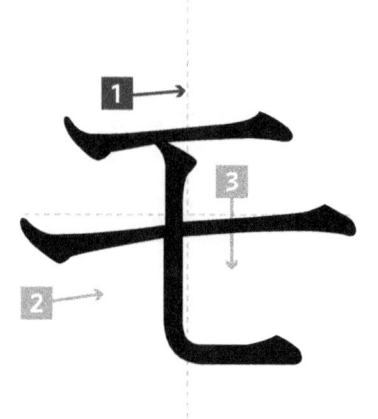

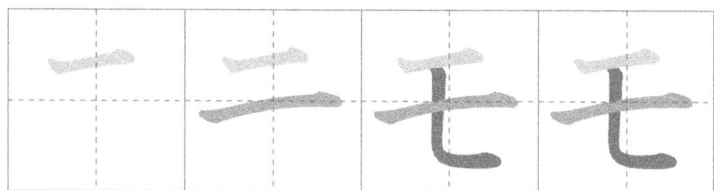

ESCRIBE En primer lugar, traza el carácter en las casillas que aparecen a continuación.

PRACTICA　　　　　　　　　　　Ahora practica dibujando este carácter en estas casillas más pequeñas.

 **ya**

HABLA	Se pronuncia como la 'lla' de 'llave'

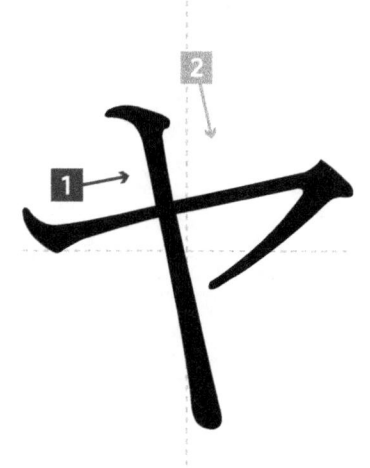

APRENDE Dibuja este kana con dos trazos: fade stroke, stop stroke.

Para dibujar este kana, empezamos con una línea recta de izquierda a derecha con una leve inclinación hacia arriba. Cuando nos acerquemos al margen derecho de la casilla, giramos bruscamente hacia abajo y de nuevo hacia el centro levantando suavemente el lápiz del papel. El segundo trazo es una línea diagonal larga que empieza en la parte superior izquierda de la casilla, más cerca del centro que del lateral, y atraviesa al primer trazo a un tercio del principio más o menos.

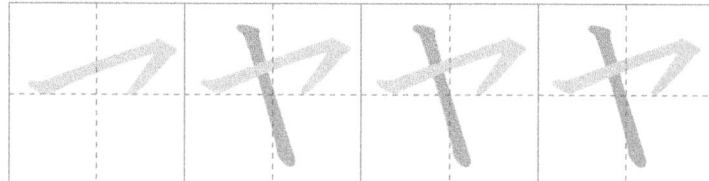

ESCRIBE En primer lugar, traza el carácter en las casillas que aparecen a continuación.

PRACTICA   Ahora practica dibujando este carácter en estas casillas más pequeñas.

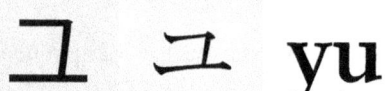 **yu**

HABLA Se pronuncia como la 'llu' de 'lluvia'.

APRENDE Este kana se dibuja con dos trazos: ambos son stop strokes.

El primer trazo empieza como una línea horizontal corta que luego gira hacia abajo y se para. La segunda línea empieza más a la izquierda que la primera y por debajo de la línea central horizontal de la casilla. Es una línea horizontal más larga que la primera que debe pasar por el final del primer trazo sin atravesarlo. Para no confundir este símbolo con el katakana コ, asegúrate de extender el segundo trazo más para que sobresalga por ambos lados.

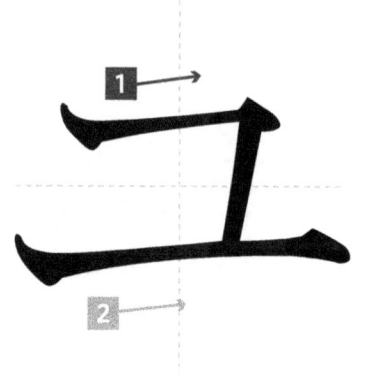

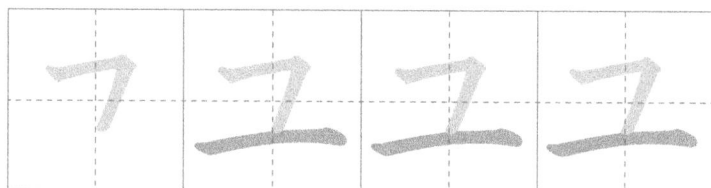

ESCRIBE En primer lugar, traza el carácter en las casillas que aparecen a continuación.

PRACTICA   Ahora practica dibujando este carácter en estas casillas más pequeñas.

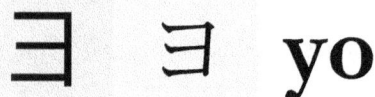 **yo**

HABLA — Se pronuncia como la 'llo' de 'llorar'.

APRENDE — Este kana se dibuja con tres trazos: todos son stop strokes.

Este kana parece una letra E invertida y, de manera similar al carácter anterior, empieza con una línea horizontal que gira y pasa a ser una línea vertical en la parte derecha de la casilla. El segundo trazo es una línea un poco más corta que se dibuja a través de la línea central horizontal de la casilla hasta encontrarse con el centro de la línea vertical del primer trazo. Por último, el tercer trazo es una línea un poco más larga que la anterior, que va de izquierda a derecha hasta encontrarse con el final del primer trazo en la parte inferior derecha de la casilla.

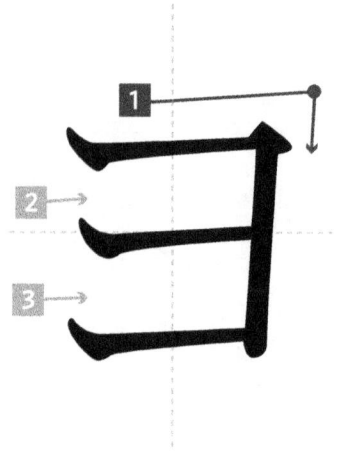

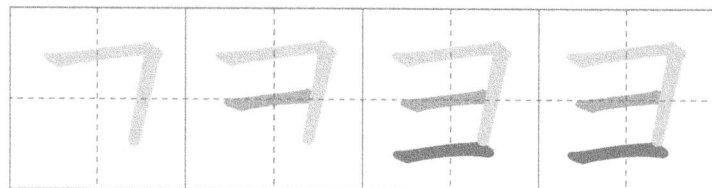

ESCRIBE — En primer lugar, traza el carácter en las casillas que aparecen a continuación.

PRACTICA Ahora practica dibujando este carácter en estas casillas más pequeñas.

ラ ラ **ra**

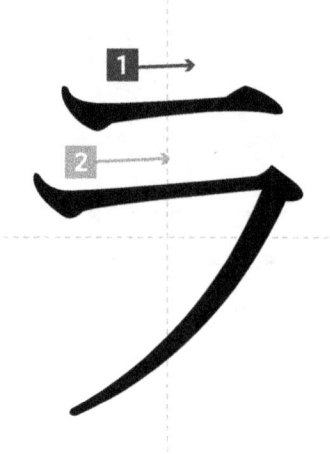

HABLA	Se pronuncia como la 'ra' de 'pera'.
APRENDE	Este kana se dibuja con dos trazos: stop stroke, fade stroke.

Empieza dibujando en la parte superior de la casilla una línea horizontal corta que no se desvanece. El segundo trazo tiene forma de número 7, y comienza con una línea horizontal, más larga que la anterior, paralela a la primera. Luego pasa a formar una línea curva diagonal larga. Levanta el lápiz suavemente cuando te aproximes a la parte central inferior de la casilla para desvanecer el trazo.

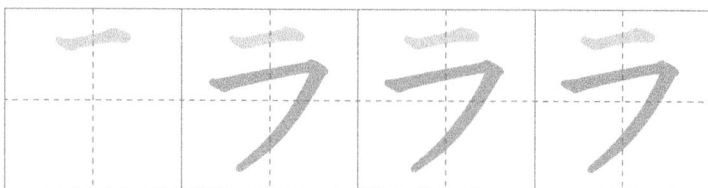

ESCRIBE En primer lugar, traza el carácter en las casillas que aparecen a continuación.

PRACTICA   Ahora practica dibujando este carácter en estas casillas más pequeñas.

HABLA — Se pronuncia como la 'ri' en 'herida'.

APRENDE — Este kana se dibuja con dos trazos: stop stroke, fade stroke.

Este es otro de los símbolos de Katakana que se parecen visualmente a sus correspondientes caracteres de Hiragana. El primer trazo es una línea vertical recta que empieza en la parte superior izquierda y se desliza hacia abajo hasta parar, sin desvanecerse, un poco después de pasar la línea central horizontal. La segunda línea empieza a una altura similar a la del primer trazo y se dibuja recta hasta la línea central horizontal de la casilla, luego se curva hacia la parte inferior izquierda de la casilla – este trazo termina desvaneciéndose con un movimiento gentil del lápiz.

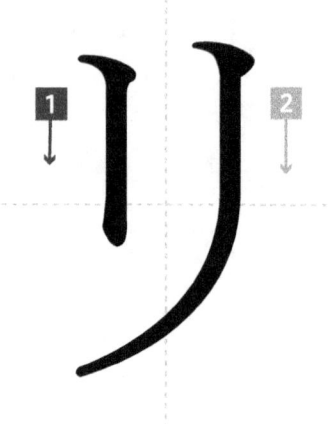

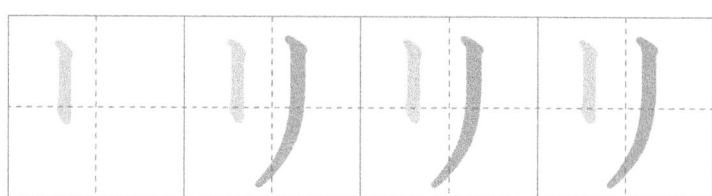

ESCRIBE — En primer lugar, traza el carácter en las casillas que aparecen a continuación.

PRACTICA Ahora practica dibujando este carácter en estas casillas más pequeñas.

ル ル ru

HABLA — Se pronuncia como la 'ru' en 'oruga'.

APRENDE — Este kana se dibuja con dos trazos: ambos son fade strokes.

Empieza con una línea curva en la parte superior izquierda hasta la zona inferior izquierda y termina desvaneciéndola. El segundo trazo comienza como una línea vertical recta en un punto un poco más alto que el primero, justo a la derecha de la línea central vertical de la casilla. A medida que el lápiz se acerque a la zona inferior, gira bruscamente a la derecha y hacia arriba formando una ligera curva que se desvanece al final.

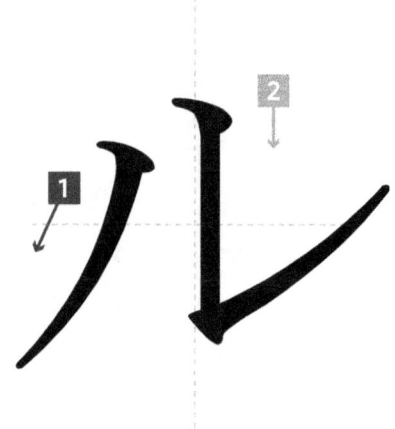

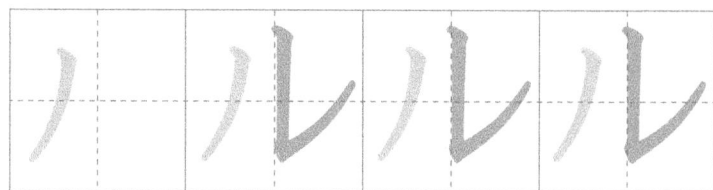

ESCRIBE — En primer lugar, traza el carácter en las casillas que aparecen a continuación.

PRACTICA   Ahora practica dibujando este carácter en estas casillas más pequeñas.

レ レ **re**

HABLA — Se pronuncia como la 're' en 'pared'.

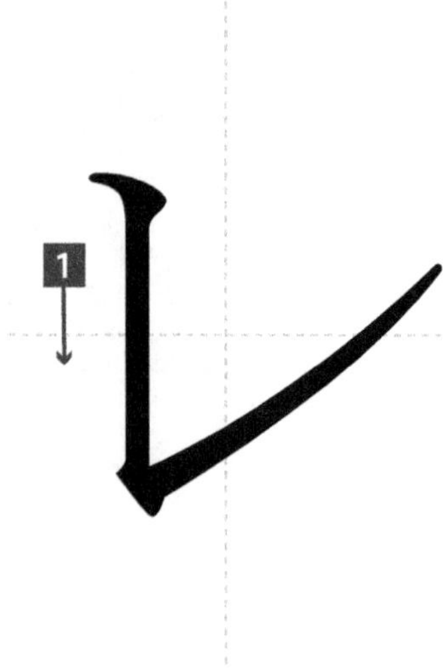

APRENDE — Se dibuja con un solo trazo: fade stroke.

Este kana es prácticamente igual que el segundo trazo del símbolo de Katakana anterior, ル, con la excepción de que es más amplio, está situado en la parte central de la casilla, y la curva final que se desvanece es más larga.

ESCRIBE — En primer lugar, traza el carácter en las casillas que aparecen a continuación.

PRACTICA　　　　　　　　　Ahora practica dibujando este carácter en estas casillas más pequeñas.

ロ ro

HABLA — Se pronuncia como la 'ro' en 'oro'.

APRENDE — Este kana se dibuja con tres trazos: todos son stop strokes.

Haz el primer trazo como una línea vertical en la mitad izquierda de la casilla. El segundo trazo empieza en el mismo punto que el primero y se dibuja horizontalmente hacia la derecha antes de girar y bajar como una línea recta vertical. El último trazo es otra línea horizontal recta que empieza al final del primer trazo. Termina sin desvanecer la línea cuando ésta se encuentre con el final del segundo trazo. Este carácter con forma de caja estará situado sobre todo en la zona central baja de la casilla.

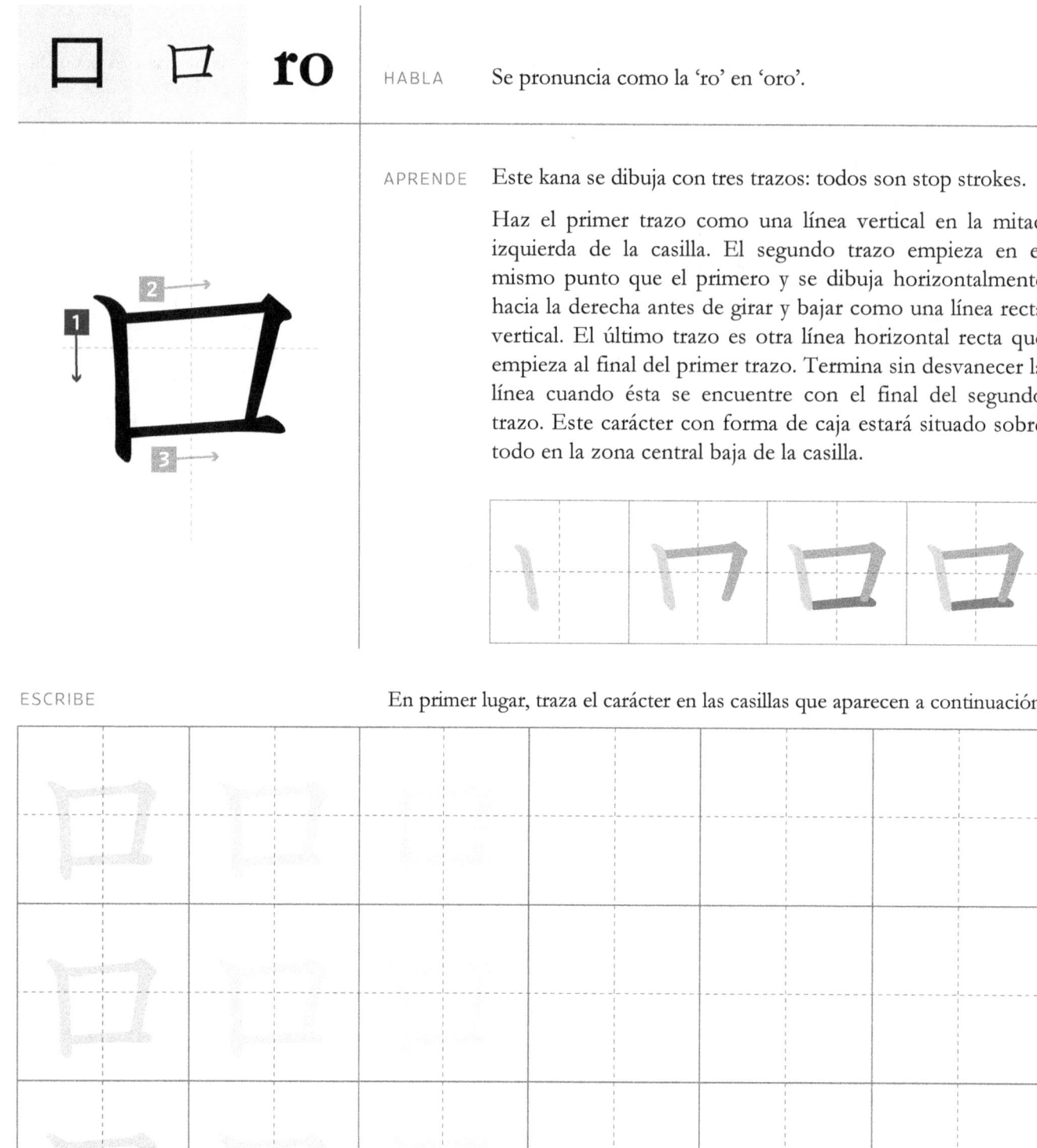

ESCRIBE — En primer lugar, traza el carácter en las casillas que aparecen a continuación.

PRACTICA   Ahora practica dibujando este carácter en estas casillas más pequeñas.

ワ ワ **wa**

HABLA — Se pronuncia como la 'gua' de 'guante'.

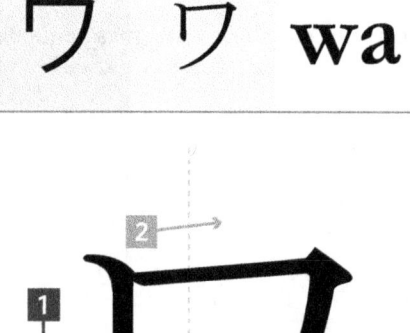

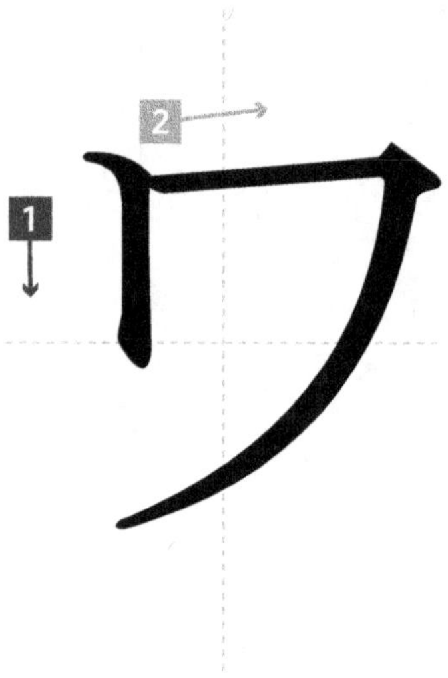

APRENDE — Este kana se dibuja con dos trazos: stop stroke, fade stroke.

Para no confundir este kana con el Katakana ク, es importante que el primer trazo sea una línea vertical recta. El segundo trazo empieza en el mismo lugar que el primero y se mueve hacia la derecha en una línea recta horizontal antes de convertirse en una línea curva diagonal. Desvanece este trazo con un movimiento suave del lápiz a medida que se acerque a la parte central inferior de la casilla.

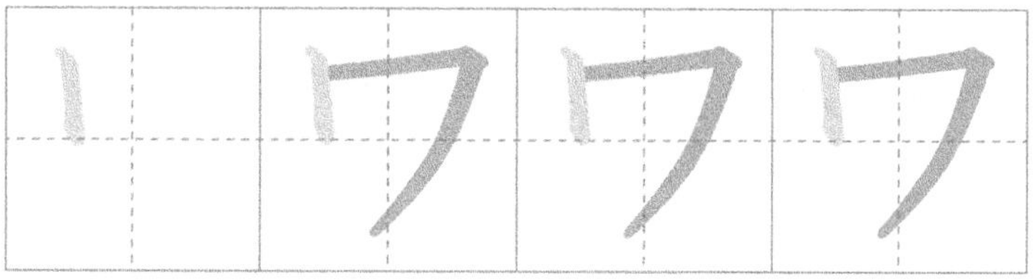

ESCRIBE — En primer lugar, traza el carácter en las casillas que aparecen a continuación.

PRACTICA Ahora practica dibujando este carácter en estas casillas más pequeñas.

ヲ ヲ **wo***

HABLA — Se pronuncia como la 'o' en 'oso'. La 'w' es muda, no se pronuncia.

APRENDE — Se dibuja con tres trazos: un fade stroke y dos stop strokes.

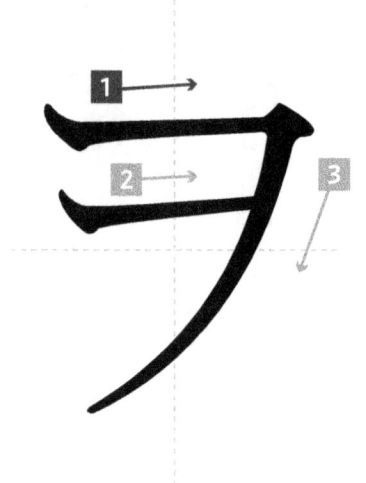

El penúltimo kana comienza con dos trazos horizontales en la zona superior de la casilla. Son líneas paralelas, y la segunda es un poco más corta que la primera. El tercer trazo es una curva larga y amplia que empieza al final del primer trazo. Debería pasar por el final del segundo trazo y desvanecerse con un movimiento gentil del lápiz en la zona inferior izquierda de la casilla.

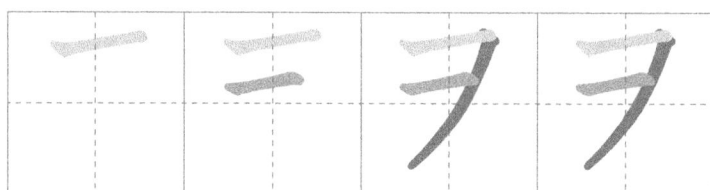

*Kana poco común, se usa como partícula.

ESCRIBE — En primer lugar, traza el carácter en las casillas que aparecen a continuación.

PRACTICA Ahora practica dibujando este carácter en estas casillas más pequeñas.

ン　ン　n

HABLA Se pronuncia simplemente como una 'n', como en la palabra 'Noruega'.

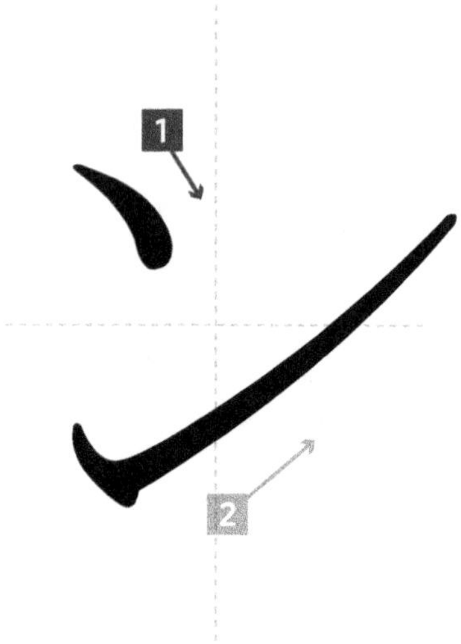

APRENDE Este kana se dibuja con dos trazos: stop stroke, fade stroke.

ン, el último Katakana básico que vamos a ver, se confunde fácilmente con ソ, así que es de vital importancia que este carácter se dibuje más amplio en su totalidad. El primer tazo es una línea inclinada un poco corta. El segundo trazo es una línea curva más amplia que se desliza diagonalmente desde la parte inferior izquierda de la casilla hacia arriba hasta la zona superior derecha, y, a diferencia del trazo anterior, termina desvaneciéndose con un movimiento suave del lápiz.

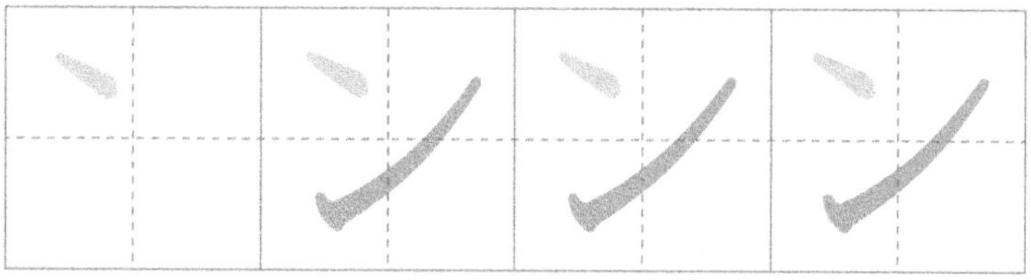

ESCRIBE En primer lugar, traza el carácter en las casillas que aparecen a continuación.

PRACTICA Ahora practica dibujando este carácter en estas casillas más pequeñas.

Parte 3
GENKOUYOUSHI
PAPEL CON CUADRÍCULAS PARA SEGUIR PRACTICANDO

Parte 4

TARJETAS
DE MEMORIA

PARA FOTOCOPIAR O CORTAR Y GUARDAR

a
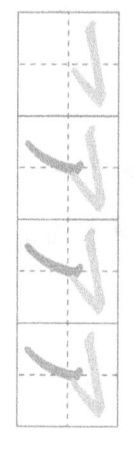
Se pronuncia como la 'a' de 'abuelo'.

i
Se pronuncia como la 'i' de 'invierno'.

u
Se pronuncia como la 'u' de 'uno'.

e
Se pronuncia como la 'e' de 'elefante'.

o

Se pronuncia como la 'o' de 'oreja'.

ka

Se pronuncia como la sílaba 'ca' de 'casa'.

ki

Se pronuncia como la 'ki' de 'kilo'.

ku
Se pronuncia como la 'cu' de 'cuna'.

ke
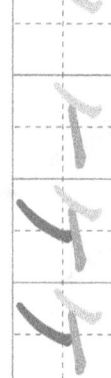
Se pronuncia como la 'que' de 'queso'.

ko

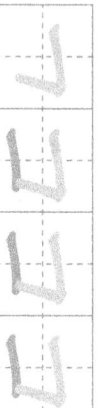
Se pronuncia como la 'co' de 'comida'.

sa

Se pronuncia como la 'sa' de 'salida'.

shi

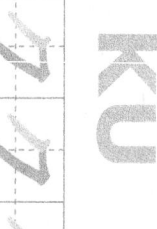
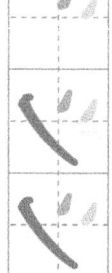
Se pronuncia como la 'shi' de 'sushi'.

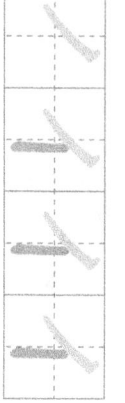
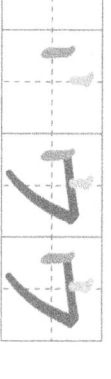
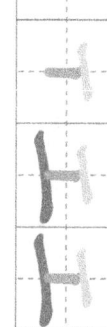

ス	木	才
ヌ	゛	川
ノ	竹	又
丹	卜	不

su
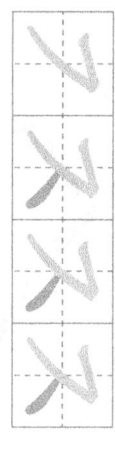
Se pronuncia como la 'su' de 'subir'.

se
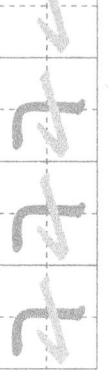
Se pronuncia como la 'se' de 'semana'.

so
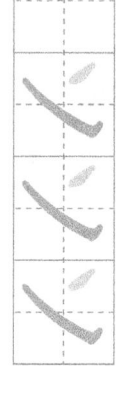
Se pronuncia como la 'so' de 'sonido'.

chi
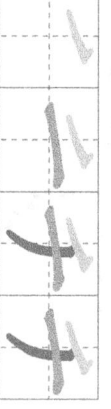
Se pronuncia como la 'chi' de 'chiste'.

tsu
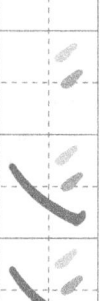
Se pronuncia como la 'tsu' de 'tsunami'.

te
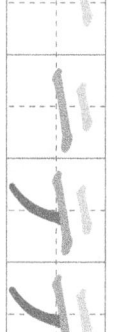
Se pronuncia como la 'te' de 'tenedor'.

to
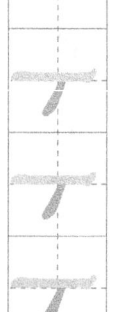
Se pronuncia con la 'to' de 'todo'.

ta
Se pronuncia como la 'ta' de 'taza'.

na
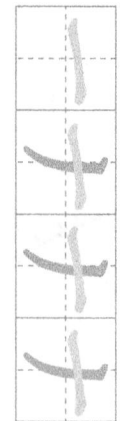
Se pronuncia como la 'na' de 'nada'.

ni
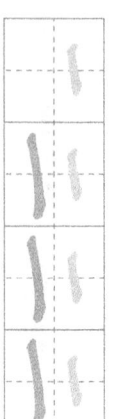
Se pronuncia como la 'ni' de 'nido'.

nu
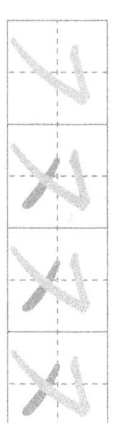
Se pronuncia como la 'nu' de 'nube'.

ne
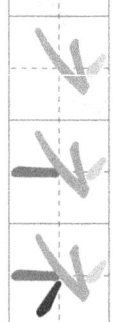
Se pronuncia como la 'ne' de 'negocio'.

no
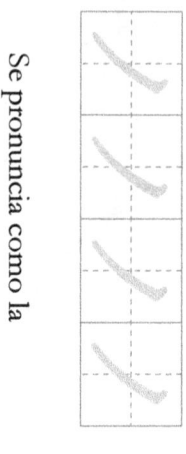
Se pronuncia como la 'no' de 'noche'.

ha
Se pronuncia como la 'ja' de 'jamón'.

hi
Se pronuncia como la 'ji' de 'jirafa'.

fu
Se pronuncia como la 'fu' de 'fuego', pero la 'f' es suave.

he
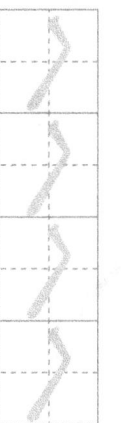
Se pronuncia como la 'je' de 'jefe'.

ho
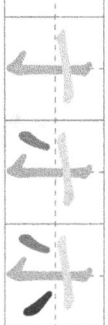
Se pronuncia como la 'jo' de 'joya'.

ma
Se pronuncia como la 'ma' de 'mamá'.

mi
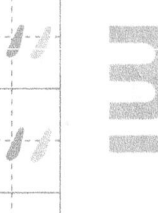
Se pronuncia como la 'mi' de 'minuto'.

mu
Se pronuncia como la 'mu' de 'mucho'.

me
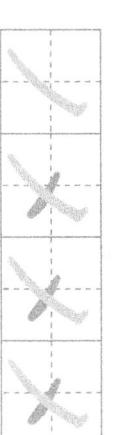
Se pronuncia como la 'me' de 'mesa'.

mo
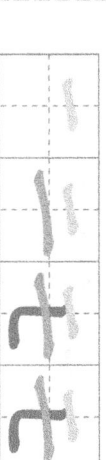
Se pronuncia como la 'mo' de 'moneda'.

ya
Se pronuncia como la 'lla' de 'llave'.

yu
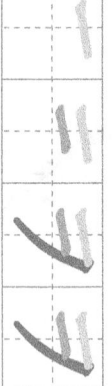

Se pronuncia como la 'lu' de 'lluvia'.

yo
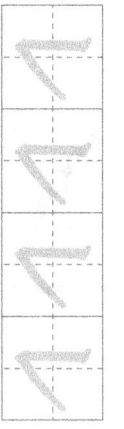

Se pronuncia como la 'lo' de 'llorar'.

ru
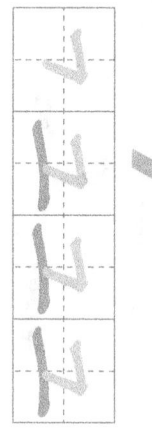

Se pronuncia como la 'ru' en 'oruga'.

ri
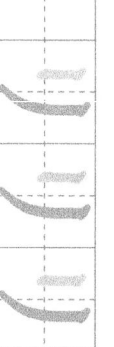

Se pronuncia como la 'ri' en 'herida'.

re
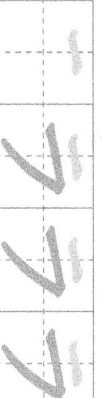

Se pronuncia como la 're' en 'pared'.

ra
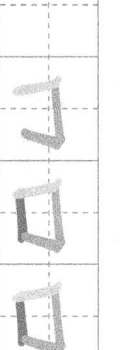

Se pronuncia como la 'ra' de 'pera'.

ro
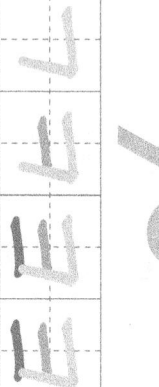

Se pronuncia como la 'ro' en 'oro'.

wa
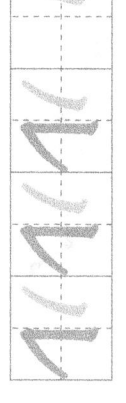

Se pronuncia como la 'gua' de 'guante'.

wo
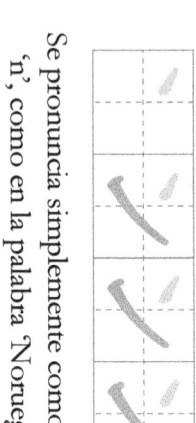

Se pronuncia como la 'o' en 'oso'. La 'w' es muda, no se pronuncia.

n*
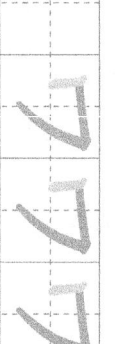

Se pronuncia simplemente como una 'n', como en la palabra 'Noruega'.

ありがとう
arigatou

¡Gracias!

¡Gracias por elegir nuestro libro!

Ahora ya estás en buen camino para aprender a leer, escribir y hablar japonés, y esperamos que hayas disfrutado de nuestro cuaderno de ejercicios de Katakana.

¡Si te lo has pasado bien aprendiendo con nosotros, nos gustaría mucho que nos dejaras un comentario para saber cuánto has progresado!

Siempre estamos encantados de saber si hay algo que podamos hacer para mejorar nuestros libros parar los futuros estudiantes. Nos comprometemos a preparar el mejor contenido posible para aprender un idioma, así que, por favor, contacta con nosotros por correo electrónico si tienes algún problema con algún contenido de este libro:

hello@polyscholar.com

POLYSCHOLAR

www.polyscholar.com

© Copyright 2020 George Tanaka - Todos los Derechos Reservados.

Nota legal: Este libro está protegido por los derechos de autor. Este libro es solo para uso personal. El contenido incluido dentro de este libro no debe ser reproducido, duplicado, o transmitido sin el permiso directo escrito por el autor o la editorial. Usted no puede modificar, distribuir, vender, usar, mencionar o parafrasear cualquier parte del contenido de este libro sin el consentimiento del autor o de la editorial.